·学术规范与研究方法丛书·

结构方程模型
及其应用

易丹辉 李静萍 编著

北京大学出版社
PEKING UNIVERSITY PRESS

图书在版编目(CIP)数据

结构方程模型及其应用/易丹辉,李静萍编著. —北京:北京大学出版社,2019.9
(学术规范与研究方法丛书)
ISBN 978-7-301-30464-8

Ⅰ.①结… Ⅱ.①易… ②李… Ⅲ.①统计模型—高等学校—教材 Ⅳ.①C815

中国版本图书馆CIP数据核字(2019)第079711号

书　　　名	结构方程模型及其应用 JIEGOU FANGCHENG MOXING JI QI YINGYONG
著作责任者	易丹辉　李静萍　编著
责 任 编 辑	李淑方
标 准 书 号	ISBN 978-7-301-30464-8
出 版 发 行	北京大学出版社
地　　　址	北京市海淀区成府路205号　100871
网　　　址	http://www.pup.cn　新浪微博:@北京大学出版社
微信公众号	通识书苑(微信号:sartspku)　科学元典(微信号:kexueyuandian)
电 子 邮 箱	编辑部 jyzx@pup.cn　总编室 zpup@pup.cn
电　　　话	邮购部 010-62752015　发行部 010-62750672 编辑部 010-62767857
印 刷 者	北京虎彩文化传播有限公司
经 销 者	新华书店
	650毫米×980毫米　16开本　13.75印张　260千字 2019年9月第1版　2024年1月第3次印刷
定　　　价	48.00元

未经许可,不得以任何方式复制或抄袭本书之部分或全部内容。
版权所有,侵权必究
举报电话: 010-62752024　电子信箱: fd@pup.pku.edu.cn
图书如有印装质量问题,请与出版部联系,电话: 010-62756370

序

乔晓春
北京大学人口研究所　教授

在社会科学领域，什么样的论文算是一篇高水平的论文？或者说，评价一篇论文好坏的标准是什么？在中国，这个标准实际上是不明确的。

我们时常会发现存在这样一种现象：社科基金项目评审，学术论文获奖评审，学术刊物稿件评审，或者硕士、博士研究生毕业论文评审，不同的评委可能给出的评审结果大相径庭。原因是每个评委脑袋里的标准并不一样，即评审不是基于规范和科学研究所依据的客观标准，而是评委各自的主观标准，从而时常导致一项高水平的学术研究被评委给否定掉了，而一项不规范、不科学的研究却可能被评委肯定。这种现象如果长期存在下去，会导致中国社会科学的混乱，研究成果或结论失去价值，甚至导致社会科学整体上偏离科学的轨道。

科学是有标准的，它的标准就是看所得出的结论是否有充分的、能"站得住"的证据。证据能否站得住，要看其证据是否来自数据，数据是否反映客观事实，以及针对数据所使用的方法是否合理。在这里最重要的一个关键词就是"方法"。方法决定了如何让数据准确反映客观事实，也决定了如何让"杂乱无章"的数据显现出规律，并引出结论。

中国传统的社会科学习惯采用思辨的或哲学的、基于主观判断式的论证，学生和学者最欠缺的是研究方法的学习和训练，从而导致在社会科学研究成果中充斥着大量不科学的、没有客观证据的"结论"。这种不规范、不科学的研究，带来大批的无效论文和成果，制造了大量学术垃圾，绝大多数没有任何学术贡献，对认识人类世界没有任何作用。

科学研究犹如生产一件产品，首先要有一个构思，画出一张图纸，然后要购置原材料，再利用相应的工具对原材料进行加工，最后加工出所需要的产品。社会科学研究的构思、提出的研究假设犹如图纸，它是研究者计划要做出来的东西，或研究的目的；数据相当于原材料；研究方法相当于加工工具；研究结论相当于生产出来的产品。中国社会科学研究通常只停留在构思和画图纸阶段，并把描绘的蓝图当作最终产品。尽管从表面上看，中国社会科学学者发表了大量的文章，得出了大量的结论，但这些研究中"说"出的结论很多，真正被证明的结论很少。从这个意义上来说，中国社会科学绝大多数领域都是没有被开发过的处女地。

为了彻底地改变这种局面，增强我国社会科学研究的科学性和规范性，普及社会科学定量和定性研究方法，提高中国社会科学的整体研究水平，依托北京大学，我们从2006年开始每年暑期举办"社会科学研究方法暑期班"，到目前为止从未间断过，2019年已经是第14年了。从开始一年只开设3门课，到现在每年暑期能够开设12～13门课，累计已经开出过20多门正式课程，参加过暑期班学习的学员已经累计接近5000人次。尽管暑期班主要立足国内并采用中文授课，但参加暑期班的学员除了来自国内，还来自欧洲各国及美国、加拿大、澳大利亚、新加坡、日本、韩国等国家和地区。

由于课程的不断系统化和日益成熟，北京大学出版社决定在暑期班课程的基础上出版系列教材。本书是这一系列教材之一。

结构方程模型属于带有潜变量的因果模型，它优于一般回归模型之处在于它可以描述或拟合复杂关系。然而，社会现象之间的关系原本就是复杂的，而不是像自然现象之间的关系那样简单，所以这一模型更能反映或更接近真实的客观现实，这也是这一模型近年来在国际社会科学领域受到普遍关注和采用的最主要原因。

"结构方程模型及其应用"这门课在暑期班已经累计开过5次，分别是2009年、2011年、2014年、2016年和2018年。这门课一直由易丹辉教授主讲，得到了学员的普遍赞誉。课程结束后，学员们写下了自己的感受和对授课教师的评价。这里摘几段学员对易老师和她所上的这门课的"原汁原味"的评价：

"最优秀的统计教授，最精彩的方法解读！"

"易老师讲得太好了！"

"易老师清晰透彻的讲解令我茅塞顿开，受益匪浅。结构方程模型作为一个很好的研究工具，是社会科学发展到一定程度而形成的，易老师将这一重要的研究方法传授给我们，非常感谢！"

"在未参加本次暑期课程之前，就有幸拜读过易老师的书，更多次听闻易老师其人其事。总之，上课之前就对这门课程充满了期待。而真正开始上课以后,亲身体验了易老师的授课过程,易老师严谨清晰的逻辑思维、渊博大气的学者风范都给我们以极深的印象。而在课上,在易老师的引导下,对结构方程模型的学习也不再如之前那般困难,有很多收获。"

"易老师授课思路清晰,深入浅出,信息量大;以最简洁的语言和最易理解的方式介绍了结构方程模型的基本思路和使用技巧,令学员收益良多。本课程无论在课程设置、教师选择、授课内容、授课方法还是学员收获方面都令人非常满意。"

"这是非常有用的一门课,老师授课深入浅出,结合课堂实践和操作,易于理解,学完后自己能够做相关的分析,感觉收获很大。"

现在我们把易老师在暑期班讲课的教材呈献给学员,大家可以从这本教材中体会到"结构方程"的美和精华之处。这本书的出版,也使社会科学研究方法暑期班上"结构方程模型及其应用"这门课有了自己的专属教材,对于学习这门课的学员来说,使用这本教材,无疑会大幅度提升学习效果,会取得更大的收获。

2019 年 2 月 28 日

北大暑期班网页:
http://www.ssmart.club
北大暑期班微信公众号:

社科方法网网页:
http://www.rmssedu.com
社科方法网微信公众号:

前　言

应北京大学乔晓春教授的邀请，笔者为北京大学"社会科学研究方法暑期班"的学员编写了这本关于结构方程模型及其应用的教材，列入"学术规范与研究方法丛书"。按照乔晓春教授的要求，本系列教材是为社会科学实质性学科的研究生、博士生和中青年教师而编写的，因此必须把握三个原则：一是让数学基础比较差的读者能够读懂研究方法；二是要大量地使用案例，让读者从实际数据的使用中来理解方法；三是不仅仅要让读者会使用方法，更重要的是要让读者能理解方法的思路、原理和作用，要尽可能地用实例来讲解理论和原理，而不要用数学的思路和过多的数学公式来讲解原理。本着既要不用过多的公式又要将方法讲解清楚的原则，本书用大量实例加以说明。笔者在指导大学生创新性实验计划项目时，学生们做了大量的研究，为本书提供了较为丰富的实例。感谢中国人民大学统计学院2010级本科生吴晓宇、陈弘、李天博、刘罡和新闻学院赖曾濂，他们在大学生创新性实验计划项目中，积极讨论并申请了"大学生道德观现状及其影响因素研究——北京、福建高校大学生的调查"课题，提供了相关研究结果；感谢中国人民大学统计学院2011级本科生廖慧玲、章佩、姚天石和经济学院罗馨亭，他们在大学生创新性实验计划项目中，积极讨论并申请了"大学生幸福感及其影响因素探究——基于北京、广东两地高校调研"课题，提供了相关研究结果；感谢中国人民大学统计学院2012级本科生蔡笑炜、肖瑶、王文菁、陈芃、朱梓睿，他们在"大学生创新性实验计划"项目中，积极讨论并申请了"大学生适应能力研究及量表设计——基于北京、上海高校的调研"课题，这些都成为本书的实例。感谢中国人民大学统计学院研究生童小军，他在选修"结构方程模型及其应用"课程时，和同学一起完成了"大学生超市满意度的调查"并撰写了本书的相关案例；感谢听笔者讲授"结构方程模型及其应用"课的研究生们，他们在完成课程论文的过程中自己选择研究题目、设计问卷、采集数据，他们的成果为本书提供了实例。感谢中国人民大学统计学院李静萍教授，愿意和我一起完成本书的编写,全部数据的软件处理均由她完成,为读者提供了可操作的范例。

虽然尽量按照要求编写,但由于时间所限,可能还没有尽善尽美。本书奉献给读者的是一个浅显的读本,今后我们还会继续思考和积累经验,争取能够在修订时拓宽模型使用范围,呈现给读者更加易懂易操作的方法。本书使用 AMOS18.0 完成运算,低版本的基本功能与其相差不多,也可以使用。

感谢北京大学出版社的编辑,允许我们花那么长时间琢磨本书的结构和内容。

易丹辉

2019 年 2 月 24 日

目 录

第一章 概 述 ………………………………………………… 1
　第一节 问题的提出 ……………………………………… 3
　第二节 有关概念和记号 ………………………………… 5
　第三节 模型的形式 ……………………………………… 7

第二章 结构模型设定 ……………………………………… 19
　第一节 维度开发的依据 ………………………………… 21
　第二节 维度的开发设计 ………………………………… 27
　第三节 模型的具体形式 ………………………………… 31
　第四节 AMOS软件在结构设计中的应用 ……………… 32

第三章 测量模型设定 ……………………………………… 41
　第一节 量表设计的依据 ………………………………… 43
　第二节 可测变量选择 …………………………………… 45
　第三节 结构方程模型具体形式 ………………………… 54

第四章 数据的采集与处理 ………………………………… 61
　第一节 数据采集和样本选取 …………………………… 63
　第二节 缺失或异常数据处理 …………………………… 69
　第三节 数据的信度和效度检验 ………………………… 85

第五章 模型参数估计与检验 ……………………………… 97
　第一节 参数估计的基本思路 …………………………… 99
　第二节 参数估计常用方法 ……………………………… 101
　第三节 参数的检验 ……………………………………… 111

第六章 模型评价 ·· 115

第一节 评价的基本依据·· 117
第二节 拟合评价的绝对指数···································· 119
第三节 拟合评价的相对指数···································· 121
第四节 模型效应分解·· 129

第七章 模型修正 ·· 133

第一节 模型修正的意义·· 135
第二节 模型修正的方法·· 139
第三节 多组分析·· 144

第八章 实际案例:大学生超市满意度分析 ················· 147

附 录 ··· 203

附录Ⅰ 大学生适应能力量表 ································· 205
附录Ⅱ 大学生幸福感问卷 ···································· 209

参考文献 ·· 214

第一章

概 述

第一章 概 述

第一节 问题的提出

一、线性回归分析回顾

传统的回归分析,用一个模型描述一个因变量(被解释变量)和一组自变量(解释变量)之间的线性关系。其因变量(被解释变量)只有一个,自变量(解释变量)可以是一个或多个。

(一)模型形式

传统的回归分析中,模型如(1.1)式或(1.2)式。

$$Y = \alpha + \beta X + \varepsilon \tag{1.1}$$

$$Y = \beta_0 + \beta_1 X_1 + \cdots + \beta_K X_K + \varepsilon \tag{1.2}$$

其中,β是回归系数,ε是随机干扰项。

(二)模型的基本假定

传统的回归分析中,对数据和模型有下面的基本假定:

1. X是非随机变量:这意味着,X是严格外生的,与ε无关。

2. X与Y存在真实的线性关系。

3. ε满足独立同分布,也就是随机干扰项通常服从正态分布,相互独立并具有同方差,满足三性:正态性、独立性、同方差性,也就是$\varepsilon \sim N(0, \sigma^2)$。

$$E(\varepsilon) = 0$$

$$\operatorname{Cov}(\varepsilon_i, \varepsilon_j) = \begin{cases} \sigma^2 & i = j \\ 0 & i \neq j \end{cases}$$

二、实际应用中的问题

1. X 为随机变量

回归分析中,假定 X 为非随机变量;若实际中 X 为随机变量,即存在测量误差或 X 为潜在随机变量,不可以直接观测,模型将如何建立?参数如何估计?模型如何检验?

2. 多指标变量之间关系复杂

在许多实际问题中,多个指标变量之间的关系往往比较复杂,并不一定都能够用一组自变量去解释一个因变量,如学历或受教育程度会影响其收入,而收入又会影响到消费支出的多少和消费结构,因此,学历或受教育程度就间接影响消费支出的多少和消费结构。多个变量之间不仅存在直接影响,还存在间接影响,如何建模?

3. 潜在因子之间不相互独立

探索多个指标变量中存在的理论变量,即潜在因子之间关系时经常会用因子分析,而因子分析要求潜在因子之间相互独立,而实际问题中,有些潜在因子之间存在因果关系或一定的关联或依存关系,这种情况如何建模?

这些问题的存在,使得人们不得不探讨新的方法,即研究潜变量之间关系的方法。结构方程模型正是一种分析研究不可直接观测的潜变量之间结构关系的方法。

所谓线性是指所有变量,包括潜在的变量和可观测的变量之间的关系能够被表示在线性方程中,或者能够被转化为一种线性的形式。这个线性方程体系被称为结构方程模型(Structural Equation Model, SEM)。在后面的介绍中,可以看到,结构方程模型主要通过协方差矩阵完成模型建立,因而也被称作协方差结构方程模型(Covariance Structure Model, CSM)。

第二节 有关概念和记号

一、基本概念

结构方程模型主要用于分析研究潜变量之间的结构关系,由于潜变量不可直接测量,需要设定一些可测量的指标反映潜变量,因此,结构方程模型由两个模型组成:结构模型和测量模型。

1. 潜变量

潜变量(latent variable)亦称隐变量,是指那些无法直接观测并测量的变量。如研究影响学生数学成绩的因素,其中有逻辑思维能力,这是一个无法直接测量的变量;又如研究居民购买住房的行为,住房现状是一个重要的影响因素,但无法直接测量,是潜变量。潜变量需要通过设计若干指标去间接加以测量。

2. 可测变量

可测变量(observable variable)亦称显变量,是指那些可以直接观测并测量的变量,也称为观测变量或指标。如住房面积的大小是一个可以直接观察和测量的变量,是可测变量。如果住房现状是一个潜变量,则住房面积可以作为测量它的一个指标。

3. 外生变量

外生变量(exogenous variable)是指那些在模型或系统中,只起解释变量作用的变量。它们在模型或系统中,只影响其他变量,而不受其他变量的影响。在路径图中,只有它指向其他变量的箭头,没有箭头指向它的变量均为外生变量。在结构方程模型中,外生潜变量通常用 ξ 表示,外生可测变量通常用 x 表示。

4. 内生变量

内生变量(endogenous variable)是指那些在模型或系统中,受模型或系统中其他变量包括外生变量和内生变量影响的变量，即在路径图中，有箭头指向它的变量，它们也可以影响其他变量。在结构方程模型中，内生潜变量通常用 η 表示，内生可测变量通常用 y 表示。内生变量的个数应与方程的个数相同，即每一个内生变量都会对应一个方程。

二、常用记号

为了能够清晰地表述潜变量之间以及潜变量和可测变量之间的关系，结构方程模型应用时通常借用路径分析中的路径图。其中，矩形框表示可测变量或指标，如图 1-1 中的 $X_1 \sim X_6$、$Y_1 \sim Y_{15}$；圆的或椭圆的框表示潜变量，如图 1-1 中的 ξ_1、ξ_2，$\eta_1 \sim \eta_5$；小的圆或椭圆的框，或无任何框，标有 ε 或 δ 的变量，表示方程或测量的误差。单向箭头指向指标或可测变量表示测量误差，如图 1-1 中的 δ_1、ε_1；单向箭头指向潜变量，表示未能被外生潜变量、内生潜变量解释的部分，是方程的误差，如图 1-1 中的 ζ_1。单向直线箭头连接的两个变量表示假定有因果关系，箭头由原因变量指向结果变量，如图 1-1 中 ξ_1、ξ_2 为外生潜变量，η 是内生潜变量，单向直线箭头

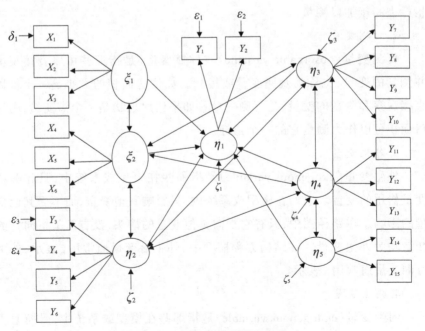

图 1-1　结构方程模型示意图

从 ξ_1 指向 η_1，表示 ξ_1 是 η_1 变化的原因；如果两个变量之间连线的两端都有箭头，表示它们之间互为因果。弧形的双向箭头表示假定两个变量间无因果关系，但有相关关系。变量之间没有任何连线，则表示假定它们之间没有直接联系，如图 1-1 中 η_2 与 η_5 之间的关系。

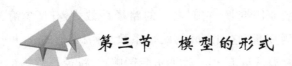

第三节 模型的形式

结构方程模型利用一定的统计手段，对复杂现象的理论模式进行处理，根据理论模式与实际数据关系的一致性程度，对理论模式做出评价，以达到对实际问题进行定量研究的目的。CSM 是一般线性模型的扩展，主要用于研究不可直接观测变量即潜变量之间的关系。

一、结构模型

结构模型反映潜变量之间的因果关系，亦称潜变量模型（Latent Variable Model），也称因果模型，其中的方程称为结构方程（Structural Equation）。模型具体表达式如（1.3）。

$$\eta = B\eta + \Gamma\xi + \varsigma \tag{1.3}$$

其中，η 是 $n\times 1$ 阶内生潜变量向量，n 是内生潜变量数目。

ξ 是 $m\times 1$ 阶外生潜变量向量，m 是外生潜变量数目。

ς 是 $n\times 1$ 阶的残差向量，反映在（1.3）式中 η 未能被解释的部分。

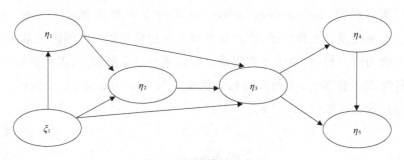

图 1-2 结构模型示意图

B 是 $n \times n$ 阶系数阵,即内生潜变量间的路径系数矩阵,描述内生潜变量 η 之间的彼此影响。

Γ 是 $n \times m$ 阶系数阵,即外生潜变量对相应内生潜变量的路径系数矩阵,描述外生潜变量 ξ 对内生潜变量 η 的影响。

图 1-2 的示意图中,ξ_1 是外生潜变量,η_1 到 η_5 是内生潜变量;直线箭头从 ξ_1 指向 η_1,ξ_1 是 η_1 的原因变量,它们之间的路径系数为 γ_{11};直线箭头从 ξ_1 指向 η_2,ξ_1 是 η_2 的原因变量,它们之间的路径系数为 γ_{21};类似的,ξ_1 和 η_3 的路径系数为 γ_{31};直线箭头从 η_1 指向 η_2,表明 η_1 会影响 η_2,路径系数为 β_{21};类似的,可以写出各个潜变量之间的路径系数,这些都是待估计的参数。模型可以写成:

$$\eta_1 = \gamma_{11}\xi_1 + s_1$$
$$\eta_2 = \beta_{21}\eta_1 + \gamma_{21}\xi_1 + s_2$$
$$\eta_3 = \beta_{31}\eta_1 + \beta_{32}\eta_2 + \gamma_{31}\xi_1 + s_3$$
$$\eta_4 = \beta_{43}\eta_1 + s_4$$
$$\eta_5 = \beta_{53}\eta_3 + \beta_{54}\eta_4 + s_4$$

模型也可以写成矩阵形式,如(1.4)式。

$$\begin{bmatrix} \eta_1 \\ \eta_2 \\ \eta_3 \\ \eta_4 \\ \eta_5 \end{bmatrix} = \begin{bmatrix} 0 & & & & \\ \beta_{21} & 0 & & & \\ \beta_{31} & \beta_{32} & 0 & & \\ & & & \beta_{43} & 0 \\ & & \beta_{53} & \beta_{54} & 0 \end{bmatrix} \begin{bmatrix} \eta_1 \\ \eta_2 \\ \eta_3 \\ \eta_4 \\ \eta_5 \end{bmatrix} + \begin{bmatrix} \gamma_{11} \\ \gamma_{21} \\ \gamma_{31} \\ 0 \\ 0 \end{bmatrix} \xi_1 + \begin{bmatrix} s_1 \\ s_2 \\ s_3 \\ s_4 \\ s_5 \end{bmatrix} \quad (1.4)$$

二、测量模型

测量模型(measurement model)反映潜变量和可测变量之间的关系。若潜变量被视作因子,则测量模型反映指标与因子之间的关系,所以也被称为因子模型,由于通常用模型验证某种事先的假定,因此亦被称为验证性因子模型,其中的方程称为测量方程(measurement equation)。模型具体表达式如(1.5)、(1.6)。

$$x = \Lambda_x \xi + \delta \quad (1.5)$$
$$y = \Lambda_y \eta + \varepsilon \quad (1.6)$$

其中，x 为 $p\times1$ 阶外生可测变量向量，p 是外生可测变量的数目；y 为 $q\times1$ 阶内生可测变量向量，q 是内生可测变量的数目；ξ 为 $m\times1$ 阶外生潜变量向量，η 为 $n\times1$ 阶内生潜变量向量；Λ_x 为 $p\times m$ 阶矩阵，是外生可测变量 x 在外生潜变量 ξ 上的因子载荷矩阵；Λ_y 为 $q\times n$ 阶矩阵，是内生观测变量 y 在内生潜变量 η 上的因子载荷矩阵；δ 为 $p\times1$ 阶测量误差向量，ε 为 $q\times1$ 阶测量误差向量，它们分别表示 x、y 不能由潜变量解释的部分。

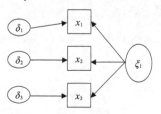

图 1-3　测量模型示意图

图 1-3 是一个测量模型的示意图，图中如果 x_1、x_2、x_3 在 ξ_1 上的载荷系数分别记作 λ_1、λ_2、λ_3，则模型可以写成

$$x_1 = \lambda_1 \xi_1 + \delta_1$$
$$x_2 = \lambda_2 \xi_1 + \delta_2$$
$$x_3 = \lambda_3 \xi_1 + \delta_3$$

模型也可以写成矩阵形式，如(1.7)式。

$$\begin{bmatrix} x_1 \\ x_2 \\ x_3 \end{bmatrix} = \begin{bmatrix} \lambda_1 \\ \lambda_2 \\ \lambda_3 \end{bmatrix} \xi_1 + \begin{bmatrix} \delta_1 \\ \delta_2 \\ \delta_3 \end{bmatrix} \qquad (1.7)$$

三、结构方程模型表达式

将结构模型和测量模型结合得到结构方程模型的表达式。图 1-4 是一个关于工业化进程与社会民主化程度的结构方程模型路径图，根据其可以写出结构方程模型的具体表达式和矩阵表达式。

结构模型为：

$$\eta_1 = \gamma_{11}\xi_1 + \varsigma_1$$
$$\eta_2 = \beta_{21}\eta_1 + \gamma_{21}\xi_1 + \varsigma_2 \qquad (1.8)$$

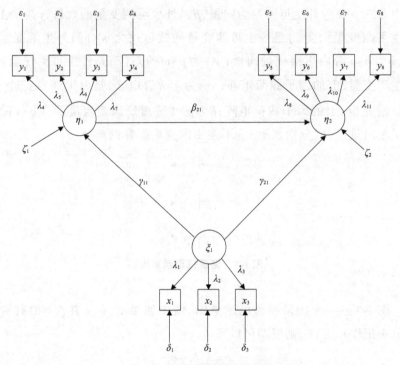

图 1-4 结构方程模型示意图

测量模型为：

$$x_1 = \lambda_1 \xi_1 + \delta_1$$
$$x_2 = \lambda_2 \xi_1 + \delta_2$$
$$x_3 = \lambda_3 \xi_1 + \delta_3$$
$$y_1 = \lambda_4 \eta_1 + \varepsilon_1$$
$$y_2 = \lambda_5 \eta_1 + \varepsilon_2$$
$$y_3 = \lambda_6 \eta_1 + \varepsilon_3$$
$$y_4 = \lambda_7 \eta_1 + \varepsilon_4$$
$$y_5 = \lambda_8 \eta_2 + \varepsilon_5$$
$$y_6 = \lambda_9 \eta_2 + \varepsilon_6$$
$$y_7 = \lambda_{10} \eta_2 + \varepsilon_7$$
$$y_8 = \lambda_{11} \eta_2 + \varepsilon_8 \qquad (1.9)$$

矩阵表达式为：

$$\begin{bmatrix} \eta_1 \\ \eta_2 \end{bmatrix} = \begin{bmatrix} 0 & 0 \\ \beta_{21} & 0 \end{bmatrix} \begin{bmatrix} \eta_1 \\ \eta_2 \end{bmatrix} + \begin{bmatrix} \gamma_{11} \\ \gamma_{21} \end{bmatrix} \xi_1 + \begin{bmatrix} \varsigma_1 \\ \varsigma_2 \end{bmatrix} \tag{1.10}$$

$$\begin{bmatrix} x_1 \\ x_2 \\ x_3 \end{bmatrix} = \begin{bmatrix} \lambda_1 \\ \lambda_2 \\ \lambda_3 \end{bmatrix} \xi_1 + \begin{bmatrix} \delta_1 \\ \delta_2 \\ \delta_3 \end{bmatrix} \tag{1.11}$$

$$\begin{bmatrix} y_1 \\ y_2 \\ y_3 \\ y_4 \\ y_5 \\ y_6 \\ y_7 \\ y_8 \end{bmatrix} = \begin{bmatrix} \lambda_4 \\ \lambda_5 \\ \lambda_6 \\ \lambda_7 \\ \lambda_8 \\ \lambda_9 \\ \lambda_{10} \\ \lambda_{11} \end{bmatrix} \begin{bmatrix} \eta_1 \\ \eta_2 \end{bmatrix} + \begin{bmatrix} \varepsilon_1 \\ \varepsilon_2 \\ \varepsilon_3 \\ \varepsilon_4 \\ \varepsilon_5 \\ \varepsilon_6 \\ \varepsilon_7 \\ \varepsilon_8 \end{bmatrix} \tag{1.12}$$

结构方程模型主要用于研究不同潜变量之间的结构关系，至于是什么样的结构关系取决于研究的实际问题。在后面的结构模型设定中会具体讨论说明。

四、模型假定

为了保证模型可识别，即保证参数能有效估计，模型有以下一些基本假定：$E(\varsigma)=0$，$E(\delta)=0$，$E(\varepsilon)=0$，$E(\xi)=0$，$E(\eta)=0$；ς 与 ξ 相互独立，δ 与 ξ 相互独立，ε 与 η 相互独立，ς、δ 及 ε 相互独立；B 在对角线上为 0，且 $(I-B)$ 为非奇异阵，即矩阵可逆。

[例1.1] 大学生工作预期的影响因素研究

（一）研究背景

近年来，大学生就业问题引起了广泛关注。自2003年开始的高校扩招带来了毕业生人数的剧增，2003—2007年连续五年大学毕业生人数持续增加，而市场中工作岗位需求却相对增长较慢，这使得大学生就业问题成为社会热点问题。教育部的统计资料显示，大学生最近五年的初次就业率仅为70%左右,大量大学生毕业后不能按时就业。如果大学生不能就业,对大学生自身来说,就不能很好地实现自身的价值;对家庭来说,影响家庭生活水平的提高;对社会来说,就不能推动社会的发展与进步;对用人单位来说,就找不到高素质的人才;对高校来说,就影响办学效果的体现。因此大学生"就业难"问题值得深究。

对于"就业难"问题,教育学界已经展开了较为深入的讨论,原因众多:一是认为大学生"就业难"主要是由于学非所用,学校的人才培养与社会需求之间脱节,专业技能、知识更新不能跟上时代前进的步伐(赵世华,李万兵,2007)[①],就业教育开展不足,务虚不务实,时间上没得到根本保障,也没有形成系统的毕业生择业技能、技巧和健康心理的培养训练(涂德祥,2007)。二是认为社会待就业人数众多,大量下岗职员、海外留学归国的知识分子,以及谋求更好职位的在岗工作人员充斥就业市场,而市场需求相对有限,于是造成了大学生就业难的现象(时勘,2003)。

但更多的观点认为大学生就业难与大学生自身因素有关,主要是择业时自身的工作预期过高。合理的就业预期应当是基于自身实际能力,结合社会需要与个人意愿而形成的。可是在实际情况中,大学生普遍不能正确地评估自己,客观地给自己定位,极易受到周围因素影响,从而树立起非理性的就业预期值,极大地影响了个人就业(潘子豪,2007)。叶忠(2005)指出,我国的高等教育随着近年来招生规模的不断扩大确实带来了一定的就业问题,但现阶段尽管接受高等教育的人数很多,然而相对发达国家而言,其所占人口比重并不大,因此发达国家不曾出现的大学生"就业难"现象出现在我国,主要是由于大学生的工作期望过高。他们往往偏向于工作待遇优厚、工作环境舒适的职业,就业流向偏好与国民经济发展重点之间、职业预期与实际就业状况之间存在矛盾(康宇,洪宇,2006)。

由此可知,大学生工作期望与现实世界需求的矛盾在很大程度上造成了近年来困扰社会的大学生"就业难"现象的出现。本研究拟从影响大学生就业预期的相关因素着手,探讨这些因素对大学生择业的实际影响,从而为大学生对就业问题提供一种理论上的认识,为解决高预期带来的大学生"就业难"现象提供一定的解决建议。

[①] 因此处是引用案例,参考文献与本书无关,故在此不具体列出,下同。

(二)文献回顾

根据美国心理学家佛隆(V. H. Vroom)提出的期望理论,大学生工作预期可解释为大学生通过大学阶段的系统学习,在毕业时对其就业目标进行价值估计以及判断实现此目标的可能性,从而被较高程度地激发努力的积极性,寻求合适的工作。曾向昌(2008)指出,影响其工作预期值的因素较多,一般情况下工作预期值主要表现在薪酬、福利、地域、个人发展机会、职位要求、行业要求等方面。杨金梅、胡冬梅、张楠(2006)则依据调查问卷,通过加权得分的方式指出,大学生就业预期中发展空间、个人待遇、工作内容、工作环境、知名度与认知度排在前面,也就是说大学生在择业过程中倾向于关注用人单位提供的这些因素。可见对于大学生工作预期包含的因素,不同学者有不同的看法,尚存在一定的争议,有待进一步完善。

有关对于大学生工作预期值的影响,也存在大量的学术研究。如周树红等(2003)通过对影响大学生就业预期的诸因素的问卷调查,按作用程度不同进行加权统计后发现,排名前5位的分别为"所学专业""工作经验""外语水平""社会用人观念""学历层次",说明影响大学生就业预期的主要因素在于学生个体条件。

还有部分学者通过统计回归分析讨论工作预期值的影响因素。薛勇军、孙崇瑜(2006)通过调查问卷对云南省毕业生收集第一手数据,并通过多元回归分析指出,大学生不同性别、不同学科、不同学历层次、不同区域对其就业预期存在显著影响,体现在预期收入、预期工作部门、预期工作地点等方面。该研究分别以预期收入、预期工作部门、预期工作地点为因变量,考察了学生性别、学科类别、学历层次、学生原籍这些因素对学生相关预期的影响,得出这些因素在学生职业选择预期方面有重要影响。杜屏(2005)运用个人专有人力资本理论以及个人现代化理论较有效地解释了大学生个人职业预期,该研究通过 Logistic 回归分析发现,个人预期的日后经济收益、个人的冒险精神以及个人的家庭背景对大学生毕业后选择工作类别(国有、非国有部门)存在非常显著的影响,个人预期日后的经济收益高,趋向有冒险精神,出生于城市的学生更倾向于选择非国有部门(尤其是外资企业)工作;反之,则愿意选择工作更稳定的国有部门工作。

孟大虎(2006)通过应用人力资本理论指出专业选择可能会对劳动力职业生涯中的很多问题，如工资水平、职业定位、行业选择及流动收益产生很大影响。同时，他通过Logistic回归分析发现大学生毕业后的期望月薪同所学专业、大学类别(是否是重点大学)、性别、家庭收入、家庭城乡背景有重要关系。重点大学的男学生，家庭收入较高，属于省会城市的学生，毕业后有较高的期望工资。而专业对工作预期收入的影响表现为，各专业的预期收益从高到低的排序结果是：计算机、物理、艺术、生物、经济学、外语、工程、化学、地理学、法学、管理学、中文、数学。

上述研究都有效地探讨了对大学生就业预期存在影响的一些因素，包括个人方面的、家庭方面的因素，但多数研究只是对工作预期中的某一方面进行了相关影响因素的分析考察，如只对工作预期收入这一因素进行考察，而忽略了包含在工作预期中的其他因素，分析比较片面。而其他研究则试图通过多次回归分析存在于工作预期中的相关个人、家庭背景等因素的影响，但我们发现工作预期中包含的不同的因素只能体现大学生工作预期偏好的一部分，如对工作收入预期存在影响的因素可能对工作地点、发展前景的影响并不显著，因此需要一个对总体大学毕业生工作预期的估计变量，从而解决这一问题。

(三) 研究设计

本研究拟针对上述研究的不足，运用结构方程模型分析对大学生工作预期存在影响的因素。

1. 有关工作预期的测度问题。尽管不同的学者有不同的见解，但我们根据开放式问题的问卷调查，以及结合有关学者工作预期研究中的共性部分，确定采用工资水平、户口问题、工作强度、工作地点这四个可测变量予以考察。

工资水平是大学生工作预期中的重要组成部分。大学生接受了家庭对自身高昂的教育投资，自然有合理的教育投资回报预期。基于这种情况，为了实现教育成本的预期回报，大学生在职业选择时会寻找待遇高、福利好的工作来弥补学习成本(张志秀，庞丽，2007)，体现为择业时对工资水平的预期。

第一章 概 述

户口问题是工作预期中的重要部分。这主要是由于我国的户籍制度衍生出背后巨大的经济利益,许多学生非常看重城市户口,尤其是北京、上海的户口不仅带来找工作的便利(许多用人单位看中本地户口),以及各种可能的福利,而且对于今后自己子女的教育(在大城市更有机会接受良好的教育,上海、北京的高校对当地户口学生的高录取率)也有着极大的价值(蔡银银,2006),因此户口问题也是学生择业时关注的方面。

工作强度为大学生工作预期的一部分。当今的大学生多为独生子女,自小生活在父母、家人无微不至的关怀下,生活上的安逸使得当代大学生多缺少一种吃苦耐劳、艰苦朴素的作风(吴薇,吴瑞君,2007),体现在工作预期上就表现为对工作强度的关注。

工作地点也是大学生择业过程中工作预期的一部分。曾湘泉等(2004)指出,毕业生对就业地区的选择高度集中,其对北京生源的问卷调查显示多数学生(74.8%)都选择留在北京就业。多数毕业生就业时偏好经济发达的东部沿海城市,很少选择去西部贫困地区就业,原因主要在于劳动力市场的分割,东部地区总体上发展机会、工资收入、用工规范、信息畅通、开放程度等方面都优于中西部地区(蔡银银,2006)。这些都说明了工作地点是影响大学生工作预期的一个重要方面。

2. 家庭背景对大学生的工作预期有显著影响(蔡银银,2006;吴薇,吴瑞君,2007)。在人从出生到成人不断接受社会规范、适应社会要求的过程中,家庭作为最基本的社会单元和最微观的社会,对人的心理发展施加着重要的影响。人的一生中都渗透着家庭教育的印迹。在幼年时期,孩子们接触得最多的是自己父母的职业,他们最终萌发的职业理想,更多地反映了父母对职业价值的认识,他们了解最多的往往是父母的职业及其工作环境。因此家庭背景对学生的职业预期存在显著影响。

对于家庭背景这一潜变量,我们运用家庭收入、父母的受教育程度和家庭社会关系这三个可测变量予以反映。

由此,假设1:家庭背景对大学生工作预期存在显著影响。

3. 个人背景对人们的职业预期有着重要的影响(胡解旺,2003;方翰青,2007)。个人背景不同,职业价值观不同,对职业的看法和态度不同,从而有不同的职业预期。其中个人的性格、所在学校、实习经历和社团经历都构成个人背景,本研究选取这些变量为潜变量个人背景的可测变量。

由此,假设2:个人背景影响大学生的工作预期。

4. 个人能力对未来工作预期存在影响(周树红,楼成礼,2003;时勘,2003)。任何工作都需要有一定的知识、能力才能够胜任,人们通过有意识地投资人力资本,把自身塑造成适合某一特定职业的人才,从而对工作预期存在影响。一般而言,人们的英语水平、沟通能力、专业成就被大学生认同为与日后职业选择相关性高,直接影响到大学生的工作预期(杨金梅,胡冬梅,张楠,2006)。因此对于个人能力的测度选择英语水平、沟通能力、专业成就三个可测变量。

由此,假设3:个人能力对大学生的工作预期有影响。

5. 家庭背景,包括家庭收入、父母受教育程度以及家庭社会关系,可能在一定程度上影响着学生的个人背景。如生活在不同家庭中的个体可能形成不同的性格:贫困家庭的子女可能更加积极进取,努力争取读有名气的大学,并积极实践而分担父母的财政压力;而富裕家庭的子女可能更自信,并积极参加社团活动。

由此,假设4:家庭背景影响学生的个人背景。

6. 家庭背景对个人能力可能存在一定的影响。不同的家庭,父母的影响不同,对子女能力的塑造存在一定的区别。如父母受教育层次高,了解未来社会中生存所必需之技能,从而注重培养子女相关方面的能力,如对子女英语能力的重视。

由此,假设5:家庭背景影响学生的个人能力。

根据以上分析,可以考虑构建实证分析的结构方程模型路径图,如图1-5所示。

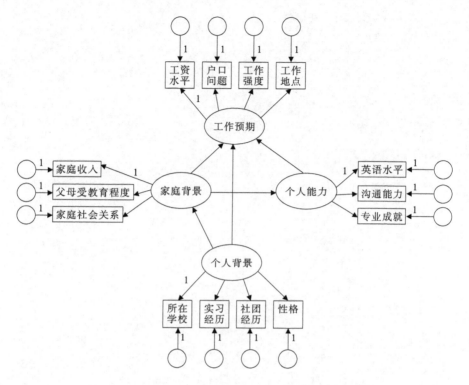

图1-5 实证分析的结构关系图

第二章

结构模型设定

第二章

資料的蒐集

第二章 结构模型设定

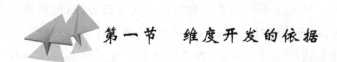

第一节 维度开发的依据

结构模型反映不同潜变量之间的结构关系,这些潜变量就是实际问题研究中的不同维度或称不同方面。例如,研究大学生适应能力的水平,首先需要明确适应能力的含义,适应能力包含哪些方面:生活适应、学习适应、环境适应等,这些方面都是不可直接观测的潜变量,如果要建立结构模型,首先需要明确和界定这些方面,这就是维度的开发设计。

维度开发设计实际上就是设定潜变量。结构方程模型是带有潜变量的一种验证性因子分析方法,模型需要依据已有的经验或理论事先设定,也称为假设模型。潜变量的确定是结构模型建立的基础。在研究实际问题时,潜变量的确定就是维度的开发设计。潜变量可以根据对实际问题的理论认识确定,也可以借助探索性因子分析的结果构造。

1. 依据相关理论或经验确定

在研究实际问题的时候,运用结构方程模型,首先需要明确研究目的,在此基础上阅读和了解与其相关的研究成果。这就是依据相关理论或经验确定潜变量并设定结构模型,也就是说,构建结构模型的前提是要将研究问题所涉及的不同维度弄清楚。通常可以运用扎根理论进行已有资料和现状的分析研究。

[例2.1] **大学生道德观及其影响因素**

分析:道德是社会意识的一种具体表现形式,属于意识形态范畴。人们对于不同的环境、不同的刺激有不同的反应,个人的思想品德是在其所处的各种社会环境影响下,逐步形成并不断变化的。道德是个人依据一定的道德行为准则行动时所表现出来的某些稳固的倾向和特征。一般认为道德的基本心理结构包括道德认识、道德情感、道德意志和道德行为四种基本成分。这是一个相互联系、相互制约、相互促进的统一体。道德水平可以被解释为爱心、责任心以及诚信度三个方面。

扎根理论研究法是一种质性研究方法,其主要宗旨是在经验资料的基础上建立理论。研究者在研究开始之前一般没有理论假设,而是直接从实际观察入手,从原始资料中归纳出经验概括,然后上升到理论。这是一种从下往上建立实质理论的方法,即在系统收集资料的基础上寻找反映社会现象的核心概念,然后通过这些概念之间的联系建构相关的社会理论。

扎根理论要有经验证据的支持,但是它的主要特点不在其经验性,而在于它从经验事实中抽象出了新的概念和思想,由此构建的指标、体系比凭借个体主观假设更具科学性。在大学生道德观的研究中,不同于以往研究构建测量指标的方法,我们将以扎根理论为架构,通过文献查阅、访谈以及日常观察相结合的方式,对典型事例进行全面总结、三级编码,进而提取出科学、合理的考核道德水平及其影响因素的指标。

扎根理论研究法是在系统分析资料的基础上建立理论的过程,其途径主要有三种。

(1) 文本分析

大量查阅相关新闻报道及文献,根据以往国内外学者对大学生道德观的调查和研究,媒体关于大学生道德观的相关报道,从中获取相关理论、典型事例等文本资料。

(2) 民族志

持续对大学生道德观进行为期一年的观察。通过对大学生日常行为举止、情感态度、集体行为的细致观察,以及对有关新闻事件看法的探讨,思考并挖掘其影响因素,记录形成"田间笔记"。表2-1是田间笔记节选。

表2-1　田间笔记节选

时间	编号	内容
2011年11月15日	14	大学生中,党员或许比非党员更有责任心并乐于助人。我们班现有8名党员,他们都非常靠谱,对待同学真诚、热情。党员这一身份对大学生行为的约束或许起到很大的作用,这也可能与党员平时受到比普通同学更多的思想道德教育有关

续表

时间	编号	内容
2011年12月5日	37	今天令狐同学又来找同学去参加支教了。他一直是我们学院支教的负责人,总是很乐于参加这种活动。同时他也是个很热心的人,非常关心同学。我们身边喜欢参加志愿活动的同学一般来说都很有爱心,他们愿意花费时间和精力去帮助素昧平生的人,那么他们也将比别人更懂得如何关爱他人
2011年12月25日	56	今日圣诞节,跟同学外出时发现很多同学在过马路时并不在意红绿灯,闯红灯的不在少数。而斑马线上人一多,车也不敢开太快,一直让着行人。久而久之,大家就更不在意红绿灯了。如果监管力度加强,这种行为就将大大减少了
2012年3月3日	158	铁岭原公安局局长谷凤杰买官卖官,收受贿赂960万元。这件事在我们寝室内引起了一阵讨论。赵同学说:"上大学有什么用,到头来找得到找不到工作还不一定,还不是'拼爹',家里面有门路比啥都强。"董同学说:"社会就这个风气,你要看不惯就出国呗,考GRE(美国研究生入学考试)的不是挺多的吗?"政府人员贪污腐败误导大学生产生了依靠关系投机取巧的想法
2012年4月6日	180	今天在人人网上看到的转发最多的状态: 【求大量转发】在新闻现场看到一个拉货的王师傅把拉到成都新会展的衣服给颠簸得丢了7箱,价值60万元,目前只还回一箱,希望捡到的朋友帮助王师傅还回来。对您来说可能少几件衣服,但对于王师傅来说这60万元真的是一个天文数字。现在店主要求王师傅偿还,他真的很可怜,都下跪了,好心人请帮助王师傅,电话××××××××。 从人人网上转发的数量和参与程度来看,同学们对一个陌生人纷纷表现出自己的关心,而不是冷漠以待

(3) 深度访谈

选取对时事新闻较为关注的同学做深度访谈，主要采取焦点小组访谈形式。在访谈内容设计上，选择近年来引起较多争议的大学生道德行为典型事例，通过和被访者探讨，记录被访者的观点和进行判断的依据。表2-2是访谈提纲。

表2-2 访谈提纲

访谈主题	问题举例	目的	阶段	比例
个人对道德观的认识	你是哪个专业的？你认为一个人的道德观体现在哪些方面？	了解受访者的基本信息，通过交谈唤起受访者对道德观问题的兴趣和记忆	"破冰"营造访谈氛围，建立访谈关系，破除受访者心理防备	20%
对涉及大学生道德问题事件的评价	2002年，清华大学学生刘海洋出于自身的好奇心，自带含工业硫酸的饮料到动物园中对熊做敏捷程度实验，导致6头熊不同程度受伤甚至失去基本生活能力。你觉得他的做法合适吗？你认为他的道德水平极低吗？为什么？	了解受访者评价道德问题事件的主要依据，并初步了解个人道德观	"展开"进入访谈正题，通过新闻事件重现、假设情景等方式，挖掘受访者内心道德评判标准	50%
对涉及大学生道德问题的事件进行原因分析	你认为，可能是什么因素更大程度上导致了刘海洋形成畸形道德观？是个人心理畸形、家庭环境或是教育问题？	探求可能影响大学生道德观的因素	"深入"通过对事件主题的原因剖析，挖掘可能影响道德观的因素	10%
对受访者的观点进行确认	就我理解，你认为个人心理状态/家庭环境/教育更大程度上影响大学生的道德观，因为……在你的生活中，是否也是这样呢？	确认是否已理解受访者的基本观点，以及了解受访者自身道德观形成条件	"整合"概括和提炼受访者的观点，反思和总结	20%

续表

访谈主题	问题举例	目 的	阶 段	比例
开放问题	对于刚才的讨论,你还有什么方面想补充的吗?	受访者观点补充;访谈者补充追问	"收尾"	额外

这些都为研究实际问题确定研究维度奠定了基础。

[例2.2] 中国大学生道德观维度设计

分析:在当代中国大学生道德观的研究中,未采用西方研究构建的维度:个人道德、社会道德、精神道德,而将目光聚焦于中国现实,传承经典,并赋予传统儒家准则新时代的新含义。根据[例2.1]的研究结果,将收集到的信息概念化、范畴化,恰好与我国传统的五常之道"仁义礼智信"相契合。因此,确定研究大学生道德观的维度为五个:仁——关爱、宽容、同理心;义——孝顺、正义感、奉献;礼——尊重、自律、洁性;智——勤勉、生命观、金钱观;信——诚信、忠诚、责任。由此形成表2-3所示的道德观维度指标体系。

表2-3 道德观维度指标体系

维度	指标	指标细化	原典释意
仁	关爱	关爱亲人	"仁者人也,亲亲为大。"(出自《中庸》)此处,"人"作"爱人"意,即为关爱
		关爱亲人以外的人	
	宽容	对陌生人宽容	"克己复礼为仁。"(出自《论语》)意为在与他人相处时,能做到融洽和谐,宽以待人,容忍他人的不敬,此即为宽容
		对朋友宽容	
	同理心		"仁者,易也。"意为凡事不能光想着自己,多设身处地为别人着想,为别人考虑,做事为人为己,此即为同理心

续表

维度	指标	指标细化	原典释意
义	孝顺		"义之实,从兄是也。"(出自《孟子》)"兄"在此意为"尊重兄长、长辈",即为孝顺
	正义感		"义者,人字出头,加一点。"(字形)在别人有难时出手出头,帮人一把,公正合宜的道理或举动,即为正义感
	奉献	集体	合乎正义或公益的举动(出自《新华字典》),即为奉献
		社会	
礼	尊重		"礼者,示人以曲也。己弯腰则人高,对他人即为有礼。"因此尊重他人即为礼
	自律	公共行为	"夫礼者,所以定亲疏,决嫌疑,别同异,明是非也。"这里是说,明白是非,按照社会的准则规范自己的行为,严于律己,才是符合礼的行为。所以,自律是礼的另外一个方面
		私人行为	
	洁性		"夫何执操之不固。"(出自《楚辞》)此处,"操"即为节操、操守,在性开放观念日渐深入的今天,洁性更能反映礼的要求
智	勤勉	短期阶段性	对于人生不迷惑、知道自己的目标,并能够为之奋斗,即为勤勉
		长期	
	生命观		"五十而知天命。"(出自《论语·为政》)对自身的认识、对生命的理解和尊重即为生命观
	金钱观	重要性	不惑,亦可理解为不受诱惑迷乱,对金钱财富有清晰的认识,即为金钱观
		约束性	
		集体责任	
信	诚信		"信,言合于意也。"(出自《墨子·经上》)即所言之事为心中所想,不虚妄不掩饰,此即为诚信
	忠诚	对个人	"信者,诚也。"(出自《白虎道德论·情性》)专一不移也,此即为忠诚
		对集体	
	责任	个人责任	"期果言当谓之信。"(出自《贾子道术》)定身以行事谓之信(出自《国语·晋语》),此即为责任

资料来源:中国人民大学统计学院2010级本科生"大学生创新性试验计划"《大学生道德观现状及其影响因素研究——北京、福建高校大学生的调查》。

第二章 结构模型设定

2. 依据探索性因子分析确定

当选用已有指标变量构建结构模型,由于哪些指标变量在同一维度并不清晰,可以利用探索性因子分析寻找指标变量背后的共同作用机制,将公共因子作为潜变量。利用因子分析确定潜变量需要注意,不能用全部指标变量得到几个公共因子来构建结构模型,因为因子分析得到的公共因子相互之间独立,不存在结构关系。

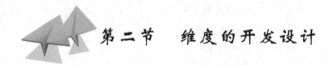

第二节 维度的开发设计

实际开发维度时,也就是确定潜变量时,需要考虑各个维度是否在同一层面上,如果在同一层面上,需要考虑各个维度之间的关系,是因果关系还是相关关系,这将决定后面构建模型的具体形式,同时也就决定了如何绘制路径图。如果设计的维度不在一个层面上,需要考虑它们之间的层次关系,哪些维度在一个层次,哪些维度在更高一个层次。

[例2.3] 大学生幸福感的研究

分析:为研究大学生幸福感,首先需要了解目前已有的相关研究。广泛查阅幸福感发展历程、影响因素研究等相关文献以及新闻报道,从国内外现有文本记录资料中获取已有研究信息、测量分析理论和方法等。

主观幸福感是指个体依据自定标准对其生活状况的整体性评价。迪纳(Diener,1985)指出,主观幸福感划分为认知(一般生活满意度和具体领域生活满意度,如充实感、成就感等)和情感(积极和消极情感两个维度)两部分。在《国际大学调查》中通过对总体主观幸福感、生活满意度、积极情感、消极情感、外在准则和自我体验六项进行测量以获取主观幸福感信息。瑞夫和凯里斯(Ryff & Keyes,1995)将心理幸福感划分为六个维度,包括自主性、环境控制、自我成长、与他人关系、生活目标感和自我接纳。社会幸福感则主要侧重于社会对人身心发展提供的支持带来的幸福感受。对上述几种主要幸福感类型加以总结,并结合大学生群体的特征加以整合,获得各个维度如表2-4所示。

表2-4 大学生幸福感维度

一层维度	二层维度	三层维度
主观幸福感	认知	生活满意度 积极情感
	情感	消极情感
心理幸福感	自主性 环境控制 自我成长 与他人关系 生活目标感 自我接纳	
社会幸福感	社会支持	

资料来源:中国人民大学统计学院2011级本科生"大学生创新性试验计划"《大学生幸福感及其影响因素探究——基于北京、广东两地高校调研》。

本科大学生的生活主要由三部分构成,其中学习生活满意度对应于迪纳提出的具体领域生活满意度,家庭和基本生活满意度则对应于一般生活满意度。因积极或消极情绪会投射于满意度的评价中,因此原有理论中的认知部分的积极和消极情感可以借助生活满意度及对自我成长和人际关系的评价得到反映。

在理论研究的同时,结合深入访谈,进一步明确大学生幸福感的维度。从研究的大学生样本总体中抽选出具有不同家庭背景、专业知识等客观外部条件的同学进行深入访谈。访谈内容包括:自我幸福感现状的评价、幸福感的影响因素、对幸福的态度、近期生活事件等。通过记录分析访谈内容获取关于幸福感的影响因素、对幸福的态度等相关信息。表2-5是2012年12月起对大学生幸福感研究进行前期准备时的部分访谈记录。

表 2-5　部分深入访谈记录

问　题	回　答
你认为你幸福吗？你认为什么是幸福？	幸福。知足且明智，心行相合。做着那些心底想要做的，而不是一时的欲求想要做的事 （北京邮电大学 2012 级）
你认为你幸福吗？你认为什么是幸福？	不幸福。 对我而言，我觉得现实要是能够和梦想有 60% 或以上的相似度叫幸福。可是人生不如意事十之八九，现实与目标差距太大，个人心态又不好 生活多姿多彩就会幸福一点 （南京大学金陵学院 2011 级）
你认为你幸福吗？你认为什么是幸福？	我目前挺幸福的。幸福嘛，我觉得是压力不要太大的生活，而且明天不要有太多的未知。一切最好都按照计划，慢慢进行，哪怕日子过得很平淡。比如，我今天都按照自己的安排过着，看书、运动、和喜欢的人一起吃饭，这样就很幸福。总的来说我不喜欢有变数，也不喜欢压力 （南开大学 2011 级）
在你眼中，什么是幸福？过去的日子里最遗憾的事情是什么？	幸福是一种感觉，和其他人比较会得到幸福。最遗憾的事是没学好语文 （上海金融学院 2011 级）
你认为哪些因素会影响你的幸福感？	自己的生活、学习，家人健康、朋友、体育锻炼 （安徽工程大学 2011 级）
你认为是自我认同还是他人认可对你的幸福感影响更大？	自我认同。家庭的期望与自己的期望不同，会有压力，不过主要还在我自己：我自己觉得幸福就幸福；即使家庭不认可，我也觉得幸福 （中央财经大学 2011 级）

续表

问　　题	回　　答
你认为对过去、现在和未来的看法会对现在的幸福感产生影响吗？	会的。主要是对未来的看法会影响幸福感，还有未知的不定与恐惧 （中央财经大学2011级） 这半年有点迷茫了，原来初中、高中的目标很明确，就是考所好大学，然后到了大学以后，第一年，我的目标是出国读研，最好可以移民，所以目标挺明确的，一直很有动力。但是到了这个学期后，找了个女朋友，而她不想出国，她还有半年就工作了，所以现在我原来的想法一下子就需要调整了。现在我应该做的就是先多多尝试，多参与活动，找到自己兴趣所在。 但是，就像我刚刚说的，从初中到大一我都是在有了很明确的长远目标之后，很努力地去前进的。但是现在的目标可能是很短期的，半年、一年这样的，而且变数也比较大，不像我原来想的那样简单。这时候我就变得很迷茫了，一点也提不起精神来做事 （南开大学2011级）
你认为哪些因素会影响幸福感？如果幸福感满分是10分，你给自己打几分？	家庭环境、家庭教育、个人性格、父母性格、社团活动、成绩。我给自己打7分 （湖南株洲）
你能否想出10个词语是和你认同的幸福感相关的？	健康、家人、朋友、恋人、足球、旅游、食物、财富、电影、音乐 （中央财经大学2011级）

依据以上研究，确定大学生幸福感研究的维度如表2-6所示。

表2-6　大学生幸福感研究的维度

	潜变量	潜变量
大学生幸福感	生活满意度	学习生活满意度
		家庭生活满意度
		基本生活满意度
	心理幸福感	自我成长
		人际关系

第三节 模型的具体形式

维度开发过程中,需要注意不同维度之间的关系,即是在一个层次上,还是在不同层次上,这将决定结构模型的具体形式。潜变量之间可以是单向箭头的关系,如图2-7中的路径图所示;也可以有反馈的关系,如图2-1所示;还有可能存在的是相关关系,如图2-8所示。当潜变量个数多,而且不同因子之间存在相关性,模型较为复杂时,可以增加一个潜变量,将模型构建为二阶因子模型的形式,如图2-5所示。结构模型的形式取决于各个潜变量之间的结构关系,可能会很简单,也可能会较为复杂。无论简单或复杂,均可以用路径图加以展示。

[例2.4] 中学生道德水平及其影响因素

分析:道德是社会意识的一种具体表现形式,属于意识形态范畴。人们对于不同的环境、不同的刺激有不同的反应,个人的思想品德是在其所处的各种社会环境影响下,逐步形成并不断变化的。

道德是个人依据一定的道德行为准则行动时所表现出来的某些稳固的倾向和特征。一般认为道德的基本心理结构包括道德认识、道德情感、道德意志和道德行为四种基本成分。这是一个相互联系、相互制约、相互促进的统一体。道德水平可以被解释为爱心、责任心以及诚信度三个方面。已有的研究表明,有可能影响道德水平的因素有:日常习惯、人我地位、品格,以及社会活动与伙伴群体。这些因素是不可直接测量的变量,即为潜变量。所以,研究中学生道德水平及其影响因素可以以道德水平、日常习惯、人我地位、品格,以及社会活动与伙伴群体为潜变量。讨论它们之间相互关系,可以得到如图2-1所示的初始结构方程模型。可以看出,这是一个潜变量之间存在因果关系的模型。

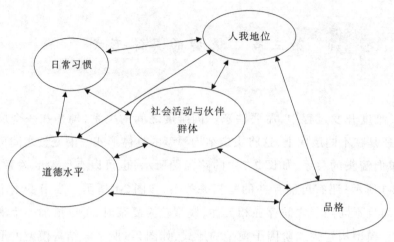

图2-1 中学生道德水平初始结构模型

第四节 AMOS软件在结构设计中的应用

[例2.5] 大学生幸福感结构模型

分析：根据表2-6所示的维度可以看出，这是一个高阶因子模型。

打开AMOS软件之后，进入主窗口。窗口左侧为工具箱区；中间为多功能窗口，显示模型信息；右侧空白窗口即为结构方程模型的绘图区。如图2-2所示。

点击工具箱区的图标按钮，可以执行相应的功能，再次点击图标，功能取消。主要图标的含义如表2-7所示。其他图标可用于修饰图形，以及执行一些特定的操作，这里不一一赘述。

第二章 结构模型设定

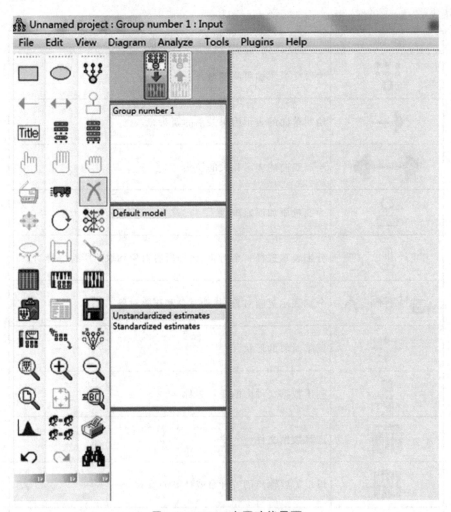

图 2-2 AMOS 主要功能界面

表 2-7 主要图标的功能

图 标	功 能
▭	绘制可测变量
◯	绘制潜变量

续表

图　标	功　能
	为潜变量添加可测变量
	绘制单向的表示因果关系的箭头
	绘制双向的表示相关的箭头
	为变量添加误差项
	分别表示选择一个对象、选择所有对象和取消所有选择对象
	分别表示复制对象、移动对象和删除对象
	调整对象的形状
	列出数据文件内的变量名称
	选择数据文件
	设定需要输出的统计量或计算的参数
	计算估计值
	浏览分析的输出结果

根据需要，可以对绘图区的规格进行调整，方法是：依次点击 View → Interface Properties → Page Layout → Page Size，在 Page Size 的下拉菜单中选择适宜的显示尺寸。程序默认的绘图区是立着的 A4 纸规格（Portrait A4），本例将使用水平的 A4 纸规格（Landscape A4），如图 2-3

所示。点击 Apply 即可改变规格。

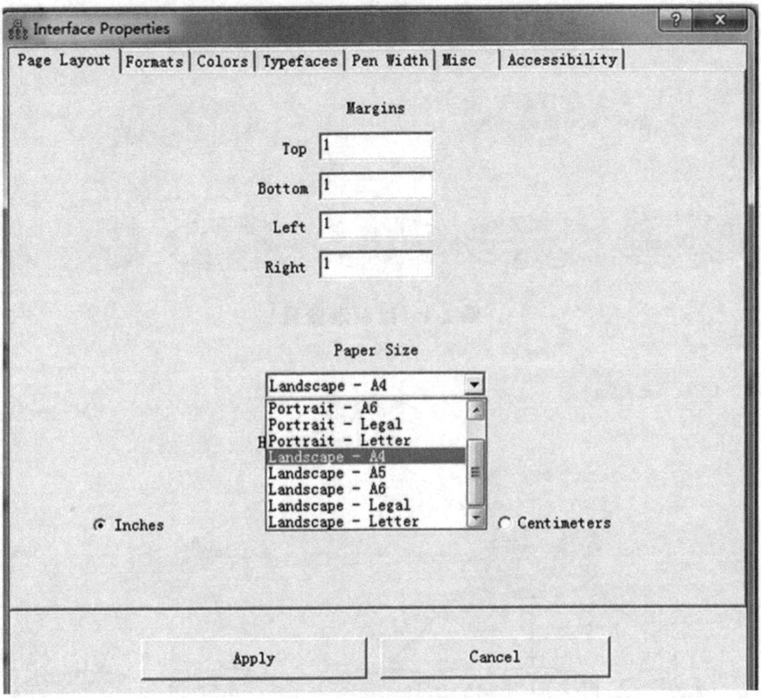

图 2-3　改变绘图区规格

下面绘制大学生幸福感结构模型。在左侧工具箱中点击⬭，然后在绘图区点击一次，就会出现一个椭圆，本例中点 8 次，依次出现 8 个椭圆。点击▦，在绘图区中将这些椭圆拉到合适的位置，如图 2-4 所示。

在左侧工具箱中点击←，在绘图区中从原因变量出发，按住鼠标左键拖到结果变量，松开鼠标，即可绘制一条带有箭头的从原因变量指向结果变量的直线。按照预先设定的模型，依次绘制出变量间的箭头，如图 2-5 所示。

将鼠标移到某个椭圆，单击右键，在菜单中点击"Object Properties…"，弹出【Object Properties】对话框，如图 2-6 所示。

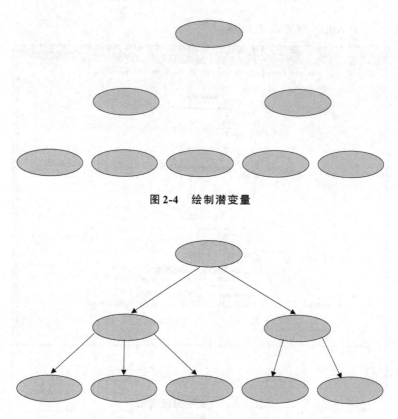

图 2-4　绘制潜变量

图 2-5　绘制潜变量之间的关系

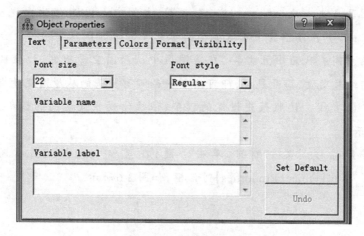

图 2-6　对象属性对话框

在"Variable name"框中输入变量名称,根据需要在"Font size"中调节字体大小,在"Font style"中调节字体样式。关闭窗口,变量名即显示在椭圆中。依次定义好每个变量的名称,变量名称既可以使用英文,也可以使用中文。大学生幸福感的结构模型如图2-7所示。

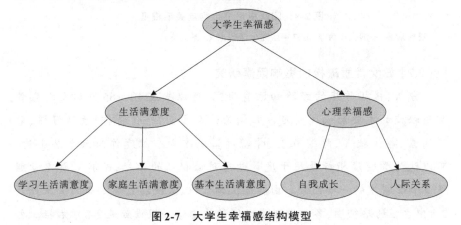

图2-7 大学生幸福感结构模型

[例2.6] 团队成员间的合作性、竞争性和独立性关系研究

分析:管理学中的一个核心部分就是协调人们的各种活动、行为,使他们的努力与组织的目标和前进方向相一致。自德奇(Deutsch,1949,1973,1980)提出合作与竞争理论以来,合作与竞争理论一直是管理学理论研究的热点之一,也是组织行为学研究中的一个核心问题。德奇认为,人们对彼此目标相互依赖性的认识会影响他们的相互沟通和共同工作,进而影响他们的成功。目标的相互依赖性决定管理者和员工之间、员工与员工之间的相互作用,进而决定了他们最后的工作成果(Deutsch,1949,1973;Johnson,1989)。根据现在理论研究的结果,本例尝试研究强调团队成员间的合作性目标、竞争性目标和独立性目标是否有利于团队成员进行有建设性的讨论,进而有助于提高团队关系绩效和团队任务绩效。

根据三个维度之间的关系可以构建如图2-8所示的结构关系。显然这是一个潜变量之间存在相关关系的结构方程模型。当实际的潜变量只存在相关关系而没有因果关系时,可以建立如图2-8所示的结构模型,分析研究各个维度之间的相关程度以及相关的方向。

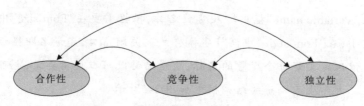

图 2-8　团队成员三个维度关系模型

资料来源：中国人民大学2007年研究生课程论文（谢远涛）。

[例2.7] 妇女骨质疏松的影响因素研究

分析：根据临床的经验和已有研究，可以知道40～65岁妇女发生骨质疏松症的主要影响因素可以归纳为六个方面：个体特征、生活习惯、危险因素、躯体状况、疼痛程度、骨密度。以这六个维度作为六个潜变量。可以认为骨密度指标是用于度量骨质疏松程度的指标，而其他潜变量则是影响骨密度的一些因素。由临床医学知识，假设潜变量之间的关系如表2-8中左栏的路径图，各个潜变量之间的基本路径假设如表2-8中右栏。之所以开始要对各个路径关系做出假设，是因为结构方程模型是验证性因子分析，通过数据要验证开始假设的潜变量关系是否成立，而各个潜变量之间的路径关系是一个重要假设。如果假设潜变量之间存在因果关系，

表 2-8　结构路径图和基本路径假设

设计的结构路径图	基本路径假设
	• 个体特征对生活习惯有路径影响 • 个体特征对疼痛程度有路径影响 • 个体特征对躯体状况有路径影响 • 个体特征对危险因素有路径影响 • 个体特征对骨密度有路径影响 • 生活习惯对躯体状况有路径影响 • 生活习惯对骨密度有路径影响 • 疼痛程度对骨密度有路径影响 • 躯体状况对骨密度有路径影响 • 危险因素对疼痛程度有路径影响 • 危险因素对躯体状况有路径影响 • 危险因素对骨密度有路径影响

资料来源：中国人民大学2010年课程论文（王伟）。

而且是正向的作用,参数估计后系数应该是大于0的,这是参数合理性检验的一个方面;如果开始并不知晓是正向还是反向,仅知道有影响作用,则参数估计后需要对系数符号的正或负做出合理解释。

第三章

测量模型设定

第三章 测量模型设定

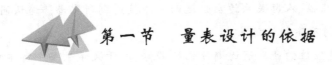

第一节 量表设计的依据

由于潜变量不可直接观测,为了能够量化不同潜变量之间的结构关系,需要为潜变量寻找可以间接测度的方式。测量模型试图反映每一个维度如何通过可以直接观测的变量测量,也就是建立潜变量间接测度的一种方式。可以直接观测的这些可测变量,一定要能够充分地反映所涉及的维度。可测变量的数据如果来源于调查量表,则可测变量的选择关键在于量表设计。如果可测变量来源于已有公布的数据,则可测变量选择的依据是变量关系,即可测变量是否与潜变量的界定含义相关。

[例3.1] 大学生适应能力量表的研究

分析:目前国内对大学生适应能力量表的研究,不同研究的维度选取均有一定差异。在确定量表维度项目时,学者们都借鉴已有的理论研究,并在此基础上有所改进。卢谢峰(2003)从人与环境关系出发,结合有关理论研究和开放式调查的结果,得出大学生适应性的"七因素相关模型",即学习适应性、人际关系适应性、角色适应性、职业选择适应能力、生活自理适应性、环境的总体认同/评价、身心症状表现。傅茂笋、寇增强(2004)的研究在开放式问卷和访谈的基础上,经归纳、整理得到大学生的各种适应不良的情况;并在因素分析后,结合心理学及大学生的实际情况,最终确定了学习和生活控制性、学校和专业满意度、集体生活适应性、自我意识、学习和考试负担适应性、人际关系适应性六个因素,编制出适用于团队间比较的大学生适应性量表。方晓义等人(2005)经过访谈,借鉴了国外已有适应量表和两次预试以后,确定了一个包含人际关系适应、学习适应、校园生活适应、择业适应、情绪适应、自我适应、满意度七个维度共60个项目的中国大学生适应量表。欧阳娟(2012)则是以贝克和希里克(Baker & Siryk,1999)修订的大学生适应量表(SACQ)为参考,最终形成了包含五个维度(人际关系适应性、总体评价、个人情绪适应性、学习适应性、对大学的认可度)共36个项目的大学新生适应性量表。从中可以看到,对于学习适应性、人际关系适应性这两个维度得到研究者普遍认同;而其他维度,则持有不同的意见。

国外对于适应性的研究有逐渐分化的趋势,对于大学生整个群体的适应性研究不是十分关注,而是将焦点细分到适应的不同领域,如认知适应、学习适应或是特定人群的适应性情况。如许布纳(Huebner,2002)等主要研究的是大学生的职业适应性,通过可靠性分析、因子分析提炼出了几个测量指标,包括自我效能、人际能力、自制能力等。对于特定人群的研究主要针对的是大一新生、移民人群以及特定学院的学生。如玛格丽特·雅米生(Margaret Jamieson,1987)等人的研究就关注了移民学生在新的文化环境中的适应情况;丹尼斯(Kay S. Dennis,2000)则研究了医学院学生的适应情况。

对于整体的大学生适应情况,国外研究主要集中在两个方面:一是开发、编纂测量大学生适应能力的量表,其中比较权威的是两个大学生适应性量表CAS(College Adjustment Questionnaire)和SACQ(Student Adaptation to College Questionnaire),二是直接将SACQ等现有量表作为测量工具来分析大学生适应性能力的不同影响因素。

第一个使用较多的量表是CAS。它是由阿诺(Anotn,W. D.)和里德(Reed,J. R.)于1991年编制的一份专为专业人士设计、可以为大学生提供咨询服务的量表。由于CAS是为了评价大学生的各种适应问题而发展起来的测评工具,其最初包括的内容是基于大学咨询中心通常遇到的问题类型的研究,因此其维度的划分主要是基于大学生在生活过程中遇到的困难。里德和阿诺首先收集了1995名参与心理咨询的大学生对一份适应性问卷的回答,并用主成分分析的方法,得出了九个基本因素(分别为精神紧张、身体疾病、自尊问题、情感问题、两性问题、家庭问题、学业问题、职业问题以及价值观混乱),并通过这九个基本因素拟定了一份调查表初稿,咨询了大量心理学专家,请他们根据自己在从业时累积的经验对此调查表的内容进行评价,选出他们认为最有必要的几个方面;再对专家的反馈结果进行检验,将某些方面合并在一个维度下,比如将个人情绪和精神紧张概括成一个方面;最后综合之前因素分析的结果,由此得出了

CAS的九个测评方面：焦虑、抑郁、自杀倾向、物质滥用、自尊问题、人际关系问题、家庭问题、学业问题以及职业问题。从每个维度出发，选择了各20个措辞恰当、内容易理解的项目，再根据项目分析和内部一致性信度的研究结果，对CAS进行进一步的精简，得出了一份108个项目的最终问卷。CAS的每个项目的回答是从完全不正确、有点正确、基本正确到完全正确四个结果中选择，可测量抑郁、人际关系冲突、低自尊、学业困难以及职业选择困难等。

另一份量表是由贝克和希里克编制的SACQ。最早起源自1980年，1985年进行了修订，形成SACQ扩展版。扩展版由四个分量表组成，共有67个项目，并进行了商业化出版。作者在其使用手册上表明这是一种确定大学生缺乏适应性的自陈式诊断工具，主要用于心理咨询和基础性研究。由于这份量表已经被商业化推广，所以无法找到其详细的研究过程、研究方法，只能参考其维度设置、计分方式。

这份量表主要涉及了四个维度，分别为：学习适应性——学习动机6项，学习应用4项，学习表现9项，所处学术环境5项；社会适应性——总体社会适应7项，社交适应7项，思乡情结3项，所处社会环境3项；个人情绪适应性——心理适应性9项，生理适应6项；对大学的依附性——总体情况3项，对自己所处大学的情况4项。

SACQ采用了李克特九点量表计分方式，每个项目的结果可以从"完全适合我"到"完全不适合我"等九种程度中选择。SACQ的信度和效度虽然得到了多次实践应用的证实，但最近一次修订是在20世纪末，近20年翻天覆地的变化已经足够使量表的修订变得十分有必要。

第二节　可测变量选择

可测变量选择是否适当，关系到潜变量的测度是否合理、准确，也关系到最后结论的合理性。因此，可测变量的选择对于模型构建至关重要。可测变量是为反映潜变量而设置的，所选择的可测变量应全面反映潜变量所涵盖的内容。可测变量过少,可能信息不足,不能全面反映潜变量的含义;可测变量过多,其相互之间的相关可能性增大,使信息相互交叉,模型变得复杂而不易处理,同时也会给数据的准确采集带来麻烦。一般来说,一个潜变量带有3个可测变量较为合适。当然,有时一个潜变量含义很清晰,也可能只用两个甚至一个可测变量就能够很好地反映潜变量的含义。

[例3.2] 在[例3.1]的基础上选择可测变量

分析:由于大学生适应能力的研究需要通过调查搜集数据,涉及量表的设计。一般来说,为了能够更好地测度潜变量之间的关系,量表设计往往不是一次完成。根据已有研究设计初始量表,需深入分析研究初始量表与研究问题,特别是研究维度之间的关系,以求更准确地测度各个维度。通过反复论证修订量表,才能得到最终量表。如果是要制作一个能够推广使用的通用量表,通常需要反复调试修改,才能完成。

初始量表设计。综合对相关文献的研究以及结合"90后"大学生的特点,在以往量表的基础上初步设计了一份测量"90后"大学生适应能力的量表,分为人际关系适应、学习能力适应、生活适应、情绪适应、角色适应、职业适应六个维度。量表涵盖了学习、生活、职业准备等各个方面,同时针对时下人们关注最多的人际关系、情绪调整、角色转变等方面设计了相应的问题。为了研究大学生对个人适应能力的评价是否与客观事实相符,了解大学生自己的真实感受,在量表中还增设了一项适应能力自我评价。每个维度下设置不同问题,共19个问题,如表3-1所示。

初始量表修订。在初始量表结构的基础上,进一步查阅资料以对大学生适应能力进行界定,同时调整各个维度下设置的具体问题,使量表能够更适用于"90后"大学生适应能力的调查。

文献中对于适应、社会或心理适应能力的定义。关于适应的概念,研究者说法不尽一致,但大都以皮亚杰的平衡说作为理论基础。皮亚杰认为,适应是通过丰富或发展主体的动作以适应客体变化的过程,个体依据对内外环境变化的认识和体验,通过积极的自我调节,使自己的心理和行为与环境保持相互协调、和谐发展的动态的心理过程。

表 3-1　初始量表的内容结构

理论框架	维度	项目	内　容
适应能力测量 η	人际关系适应 ξ_1	人际关系状况 X_1	与室友、同学、老师、家人等的关系状况
		沟通能力 X_2	是否可以清晰地表达自己的观点并准确把握对方所表达的意思
		沟通技巧 X_3	对不同类型的人是否能够采取相对应的技巧与之交流
		人际协调能力 X_4	处理好与周边人之间的关系
	学习能力适应 ξ_2	学习动机 X_5	学习的内生动力、学习目标、兴趣等
		学习模式 X_6	对于大学的授课方式和学习方式的心理特征
		学习能力 X_7	思维水平、知识水平的提升情况
		学习态度 X_8	看待大学学业的心理特征
		学习压力 X_9	对于学习目标的心理压力
	生活适应 ξ_3	生理适应 X_{10}	身体健康状况,包括是否有焦虑、失眠等症状等
		生活习惯 X_{11}	适应不同作息、饮食等习惯,安排业余生活
		消费习惯 X_{12}	经济来源和经济预算能力
	情绪适应 ξ_4	长期情绪调节 X_{13}	对个人长期的情绪状态的调节与适应
		实时情绪调节 X_{14}	面对突发情况能否迅速调节个人情绪
	角色适应 ξ_5	角色定位 X_{15}	对自己所扮演角色的可能变化做出的适应,如群体地位的转变
		学业排名 X_{16}	对学习成绩、班级排名转变的适应
		非学业能力适应 X_{17}	对社团、文体等涉及非学业能力的活动适应
	职业适应 ξ_6	人生规划 X_{18}	结合个人情况对于职业兴趣、职业选择、职业环境要求等的规划
		职业准备 X_{19}	为就业所做的实际准备工作,如提高竞争意识等
	适应能力自我评价 ξ_7		对六个维度所测量的适应情况进行自我评价,表现在对自己大学各方面的适应情况的满意程度

大学生心理适应能力是指大学生根据客观环境要求，主动采取对策，与环境和谐相处的能力。应对效能是与人们如何管理应激性事件有关的一种效能信念，特指个体在应激情境中对自己应对环境需要的能力做出的主观评价。

　　我国大学生适应社会所需要的能力包括认知能力、独立生活能力、学习能力、人际交往能力、应对挫折能力、实践能力。

　　大学生社会适应指的是高校大学生在毕业离开学校走入社会阶段，通过与社会互动，努力与社会达到一种和谐状态的一个角色转换过程。它也包含大学生在校学习生活期间的各种适应，如学校生活环境的适应、学校学习环境的适应、学校人际环境的适应等，并在大学期间找到和社会的衔接点。

　　社会适应能力的指标可从以下几方面认识：生活方面，包括几乎全部使自己能为社会所接受的日常生活技能和习惯，如自理能力、饮食、穿戴等；人际沟通方面，即表达和理解他人的能力、人际交往能力、语言沟通等；社会技能方面，包括和他人共同生活及合作必需的技能。对于青少年来说，则是指其与人合作的能力和顺应社会行为规范的能力及实践能力等。

　　大学适应从本质上讲属于个体社会化的范畴，大学生除了完成一般青年人的社会化的任务外，还要完成一系列大学生这一特殊角色的社会化任务，从而使大学生这一社会化过程具有其独特性。

　　各类已有文献大部分是针对大学生社会适应能力的研究，正如上文所说的"大学适应从本质上讲属于个体社会化的范畴"，所以社会适应能力应该是我们所要研究的大学生适应能力的一种体现。

　　考察大学生的适应能力，其终极目的应是为了判断大学生最终能不能适应社会这个大环境，所有适应能力应是为了最后适应社会所服务的，但测度适应能力时不能仅仅用社会适应这一方面概括。因为我们的调研目标针对的是大学生群体，他们首先得适应大学，有心理、学习、生活等各方面的事情需要去适应，他们的适应能力也在这些方面得到了体现。接着，他们才能在这个过程中有意识地培养未来适应社会的能力，比如职业选择、抗压抗挫等。

　　结合文献以及交流讨论，可以得出考察一个人的适应能力应该是考

第三章　测量模型设定

察面对改变时他适应的情况,不论是环境还是状态上发生了改变。如果面对改变时,他能迅速调整自己的状态,积极主动地去适应,那么自然可以得出他适应能力强的结论。如果他仅仅对目前的状况适应得非常好,这只能说明他习惯了当下的生活,而面对新环境的时候他的适应情况难以得到反映。

在人际关系上,体现适应能力强弱也是一种心理状态的反映,比如愿意与陌生人交流沟通、主观上愿意迅速在新环境中建立人际关系等。

因此,将量表中的问题修改成主要针对"改变"(环境变化等各种进入大学后可能遇到的变化),由此根据受访者的回答来判断适应能力的强弱。对变化应对的方式越好越成熟,适应能力应越强。同时删除或修改部分维度下可能产生重叠和交叉的问题。

根据上述分析,量表中需要体现与"改变"相关的测量适应能力的问题,对量表进行调整。在人际关系适应中,初始量表中将考查人际关系状况换为考查陌生人适应,沟通能力、沟通技巧和人际协调能力三个问题与"适应"相关性较弱予以删除,增添了矛盾冲突处理能力的问题,更能体现出大学生面对"改变"的适应能力情况;在学习适应中,融合学习动机和学习能力两方面,着重考察"90后"大学生的学习方法是否能够适应大学学习氛围;在职业适应方面,初始量表中的职业准备不能测度大学生的适应能力,故予以删除,增加实践能力一项,了解大学生参加社会实践,是否具有将书本知识转化为实践的能力,从侧面反映大学生的适应能力情况。对各问题的措辞也进行了细致推敲和修改。

调整后的量表结构如表3-2所示。共设16个问题,同时在适应能力自我评价问题下设3个小题,分别概括生活、学习、情绪等各方面的适应。同时在问卷中对受访者的背景信息进行调查,包括性别、年级、专业、籍贯、来自农村还是城市、是否有过住宿经历、家庭年收入情况等。具体问卷见附录I。

表 3-2 最终量表内容结构

理论框架	维度	项目	内 容
适应能力测量 η	人际关系适应 ξ_1	陌生人适应 X_1	是否能与陌生人、新认识的人无障碍交往,主动建立友好关系?(对应问题1)
		矛盾冲突处理能力 X_2	能否有效处理人际关系中产生的矛盾冲突?(对应问题2)
	学习适应 ξ_2	学习模式 X_3	对于大学的授课方式和学习方式的适应是否适应自我学习?业余时间是否自己安排时间学习?(对应问题3)
		学习方法 X_4	是否用正确的方式学习而不是"死读书"?(对应问题4)
		学习态度 X_5	看待大学学业的心理特征是怎样的,学习态度上是否是为了分数而学习?(对应问题5)
		学习压力 X_6	对于学习心理压力的适应(对应问题6)
	生活适应 ξ_3	生理适应 X_7	身体健康状况,包括是否有焦虑、失眠等症状等(对应问题7)
		生活习惯 X_8	生活上的独立性,安排好自己的日常生活(对应问题8)
		消费管理能力 X_9	经济预算能力和独立处理运用能力(对应问题9)
	情绪适应 ξ_4	长期情绪调节 X_{10}	长期中,面对生活中重大变故,是否能维持一种积极向上的心态,不陷入负面情绪中的时间过久(对应问题10)
		短期情绪调节 X_{11}	短期内,面对一些突发状况,如果消极、抑郁等坏心情出现,能否迅速调节个人情绪(对应问题11)
	角色适应 ξ_5	角色定位 X_{12}	对自己所扮演角色的可能变化做出的适应,不仅仅是单纯的学生身份(对应问题12)
		学业排名 X_{13}	到了大学中要与来自全国优秀的同学相互竞争,面对落差时的心态,对学习成绩、班级排名转变的适应(对应问题13)

第三章 测量模型设定

续表

理论框架	维度	项目	内　　容
适应能力 测量 η	角色适应 ξ_5	非学业能力 适应 X_{14}	大学中各类活动非常丰富,对社团、文体等涉及非学业能力的活动适应情况如何(对应问题14)
	职业适应 ξ_6	人生规划 X_{15}	上大学后注意开始考虑未来人生规划的问题(对应问题15)
		实践能力 X_{16}	参加社会实践,是否具有将书本知识转化为实践的能力(对应问题16)
	适应能力 自我评价 η		对6个维度所测量的适应情况进行自我评价,表现在对自己大学各方面的适应情况的满意程度(对应问题17~19)

[例3.3] 大学生幸福感各维度可测变量选择

分析:由于大学生幸福感研究的数据需要通过调查加以采集,因此可测变量选择依然是量表设计问题。根据表2-6确定的各个维度,选择合适的可测变量,即设计相应的量表。

生活满意度维度中,设置学习生活满意度、家庭生活满意度、基本生活满意度等三个潜变量。

(1)学习生活满意度考虑学生本身情况以及所处的学校的影响,包括学习成绩、所学专业、学习生活的充实情况、投入与回报的匹配程度、所收获的知识以及校园安全程度、校园生活便利程度及校园发展和学习氛围。由于大学生主要生活和学习的社会环境为大学校园,直接面对社会环境并作出反应的情况少,社会舆论、就业等压力对于在读的本科生来说往往是形成于已踏入社会的他人的言论而非自己直接的生活体验,因此可以认为,学校提供的生活的便捷性、安全性、营造的学习氛围是本科生所感受的社会支持的主要来源。

(2)家庭生活满意度包括物质和情感两方面,因此设置了父母等亲人的物质支持和亲人的尊重与理解以及家庭的温暖与关爱三个可测指标。家庭是每个人不可避免的生活学习环境,亲人的支持与理解对大学生身心发展有重大意义。

（3）基本生活满意度侧重于大学生对自我身体及健康状况的评价，包括食欲状况、睡眠质量和健康状况三个可测变量。健康状况是一切发展的物质前提，不受疾病困扰的健康体魄有助于大学生更好地奋斗和追求。随着科技的发展，人们对于手机和网络的依赖表现到了夜晚更是强烈，对睡眠质量有较明显的影响，而充足睡眠是有饱满精力的重要前提；良好规律的生活节奏给身体带来的是良性循环，可助力于身心发展，而不良生活节律带来的是恶性循环。

心理幸福感维度中，考虑到大学生所处社会环境的特性以及此人群的心理特点，环境控制能力主要体现于对时间的把握和对校园生活的适应，自主性、自我接纳和生活目标感主要从自我成长和人际关系两方面得以体现。因此，在心理幸福感维度下设置自我成长和人际关系两个潜变量。

自我成长主要体现在不同的学习工作能力、适应性、对环境和时间的掌握能力以及直接感受到的进步，因此在此潜变量下设置适应环境的能力、规划和利用时间的能力、应对挑战和困境的能力、学习生活中的创新能力、自我情绪调节能力、独立思考能力、自己学习和工作的进步和参与学习和工作的积极性8个可测变量。适应环境是充分利用环境并获取安全感的前提；对时间的规划和利用体现了一个人对自己生活的掌握程度，不确定性是人们恐惧的来源，而合理而充分地安排时间可以帮助人们消除不确定事件带来的影响，更好地把握生活节律；困难和挫折是每个人不可避免会遇到的，面对困难采取何种应对方式直接影响人们的成就感，也反映了积极或是消极的心理；学习生活中的创新能力是学以致用并且对所学、所从事的事物热爱的体现，也是敏捷思维的反映；掌控自我情绪是成就卓越的关键，在面对顺境或是逆境时，自我情绪调节能力体现其不可争辩的重要性；独立思考能力在被人云亦云的阴云困扰着的现代人群中也是一个人独立人格的反映；学习和工作进步感和积极性是对当前所学、所做之事的身心投入程度，兴趣是最好的导师，也是一个人幸福的体现。

人际关系包括亲人、朋友、老师和恋人的关系，由此确定可测变量。

根据上述分析，大学生幸福感各个维度与相应可测变量如表3-3所示。有关问卷请见附录Ⅱ。

表3-3 大学生幸福感变量初始设定

潜变量	潜变量	可测变量	变量说明
大学生幸福感	生活满意度	学习成绩	对现自己学习成绩的满意程度
	学习生活满意度	所学专业	对所学专业的满意程度
		学习生活的充实情况	对入大学至今学习生活充实程度的满意度
		投入与回报的匹配程度	对付出与回报的匹配性的满意程度
		所收获的知识	对收获知识的满意度
		校园安全程度	对校园安全程度的满意度
		校园生活便利程度	对校园设施便利程度的满意度
		校园发展和学习氛围	对学校提供的发展环境氛围的满意度
	家庭生活满意度	父母等亲人的物质支持	对家庭生活满意度进行评价
		亲人(包括父母与其他亲人)的尊重与理解	
		家庭的温暖与关爱	
	基本生活满意度	食欲状况	对现在所处的身体、健康状况进行满意度评价
		睡眠质量	
		健康状况	
	心理幸福感	自我成长	适应环境的能力	评价自己能力的强弱(对自己该项能力的满意度)
			规划和利用时间的能力	
			应对挑战和困境的能力	
			学习生活中的创新能力	
			自我情绪调节能力	
			独立思考能力	
			自己学习和工作的进步	评价自我学习和工作进步的满意度
			参与学习和工作的积极性	对自我积极性满意度进行评价
	人际关系	同学朋友的关系	对现在所处的人际关系进行满意度评价
		个人情感状况	
		与教师关系	

第三节 结构方程模型具体形式

如果选择完毕与每个潜变量相对应的可测变量,可以根据已确定的潜变量以及它们之间的关系,以及为每个潜变量选择的可测变量,构建完整的结构方程模型,也就是将所有变量以及它们的关系用路径图的方式绘制成初始的结构方程模型。这一模型既包括结构模型也包括测量模型,可以作为研究的初始假设模型。如果开始假定的初始模型不合适,可以通过适当的方法进行研究分析,将模型进行修订;也可以通过预调查,一方面修订量表,一方面调整模型。如果对于变量之间的结构有多种假设,也可以构建多个初始的假设模型,待参数估计后,进行模型检验和评价再决定选取适宜的模型。

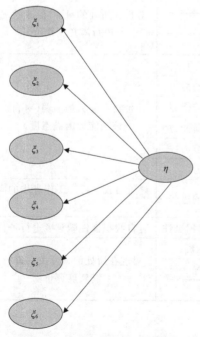

图3-1 大学生适应能力结构模型

[例3.4] 大学生适应能力初始假设模型

分析:根据前面的分析和讨论,可以构建如图3-1的初始结构方程模型。注意,这个模型是一个二阶因子模型,但是二阶因子即潜变量适应能力η有可测变量加以综合测量。该模型是研究用相应的问题测量大学生适应能力自我评价与其他几个维度适应能力之间的关系,并不是根据几个维度的适应能力对大学生总的适应能力的综合评价。

(1)绘制大学生适应能力的结构模型,如图3-1所示。

第三章 测量模型设定

（2）绘制测量模型

为每个潜变量绘制可测变量。在工具箱中点击 ，点击绘图区中的潜变量，点击一次，添加一个可测变量及其测量误差，以 η 为例，点击三次 η 对应的椭圆，即可为 η 添加三个可测变量。AMOS 自动添加的可测变量在潜变量的上方，为了美化图形，可以调整可测变量的位置。在工具箱中点击 ，点击需要调整可测变量位置的潜变量，点击一次，可测变量顺时针旋转 90°。点击 η 一次，则其可测变量旋转到右侧，分别点击 $\xi_2 \sim \xi_6$ 三次，则其可测变量旋转到左侧。将鼠标移到某个可测变量对应的矩形框，单击右键，在菜单中点击 "Object Properties..."，弹出【Object Properties】对话框，在 "Variable name" 框中输入可测变量名称。大学生适应能力的测量模型见图 3-2。

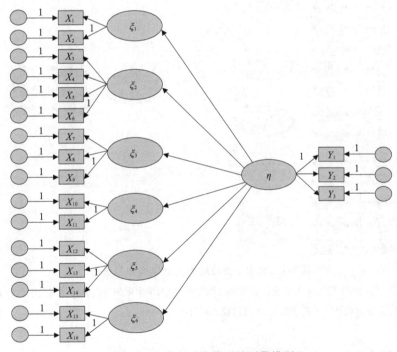

图 3-2　大学生适应能力的测量模型

（3）为潜变量添加随机扰动项

在二阶因子模型中，一阶因子是二阶因子的结果变量，需要为结果变量添加随机扰动项,本例中,需要为 $\zeta_1 \sim \zeta_6$ 添加随机扰动项。在工具箱中点击 ◯,点击绘图区中的适当位置,为每个一阶因子添加一个随机扰动项潜变量。然后,添加由随机扰动项指向相应潜变量的箭头。

(4) 为测量误差和随机扰动项命名

依次点击"Plugins → Name Unobserved Variables",AMOS 将自动为所有的测量误差和随机扰动项添加名称。

最终得到完整的大学生适应能力结构方程模型,如图3-3所示。

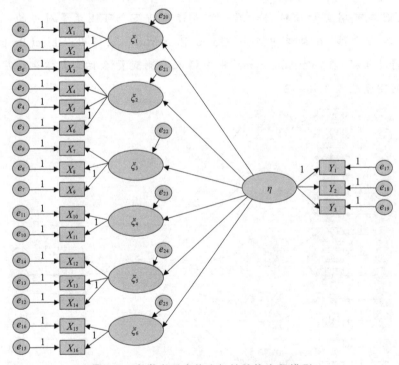

图3-3 大学生适应能力初始结构方程模型

资料来源:中国人民大学统计学院2012级本科生"大学生创新性实验计划"《大学生适应能力研究及量表设计——基于北京、上海高校的调研》。

[例3.5] 大学生幸福感的结构方程模型

分析:根据表3-3的变量关系,可以绘制大学生幸福感结构方程模型的路径图,如图3-4所示。图3-4中为三组测量误差添加了表示相关的双向箭头,方法是在工具箱中点击 ⟷,然后在绘图区中点击需要添加箭头

第三章 测量模型设定

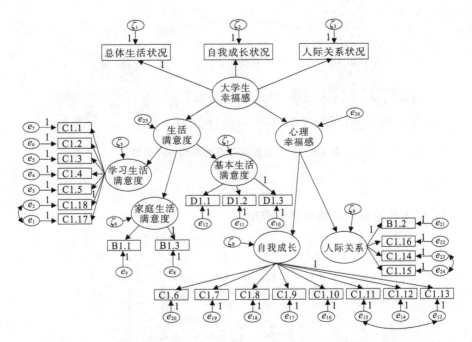

图 3-4 大学生幸福感初始结构方程模型

资料来源：中国人民大学统计学院 2011 级本科生"大学生创新性实验计划"《大学生幸福感及其影响因素探究——基于北京、广东两地高校调研》。

的一个测量误差（如 e_1），按住鼠标左键拖动鼠标至另一个测量误差（如 e_2），松开鼠标即可绘制出双向箭头。

由图 3-4 可以看出，该模型是一个更高阶的因子模型。它反映潜变量之间的一个结构层次关系，生活满意度和心理幸福感是大学生幸福感的两个重要方面。这两个潜变量分别又都包含不同的侧面，这一层次的几个潜变量都有相应的可测变量，大学生幸福感这一潜变量也有可测变量进行测度，一方面这便于用 AMOS 软件进行参数估计，另一方面也是考虑大学生对自我幸福总的感觉与其他维度感觉之间的关系。

[例 3.6] 团队成员间合作性、竞争性和独立性关系模型

分析：根据[例 2.6]的团队成员间的合作性、竞争性和独立性关系（本书第 37 页），可以选择合适的可测变量，构建如图 3-5 所示的结构方程模型。

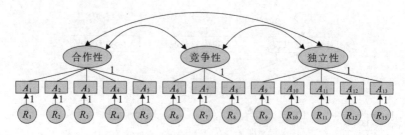

图 3-5 团队成员间关系的结构方程模型

[例 3.7] 其他形式的结构方程模型

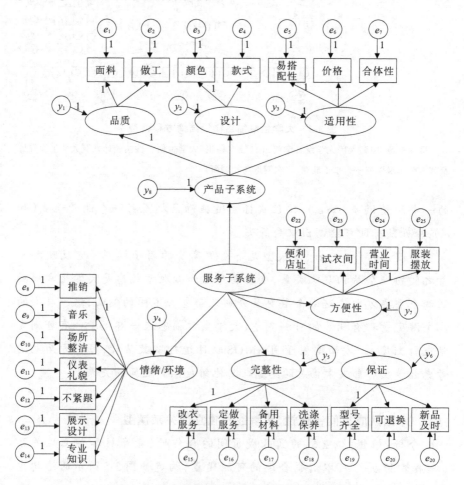

图 3-6 服务子系统与产品子系统关系路径图

第三章 测量模型设定

分析：前面讨论的结构方程模型是常用的模型形式，实际现象可能会比这些模型的形式复杂。根据实际现象的关系可以构建各种形式的结构方程模型。如图3-6所示是一个服装销售服务系统和服装生产系统之间的关系。将这两个系统结合分析，可以更好地全面认识和了解它们之间的关系，便于生产、销售、服务全方位地管理，从服务影响产品的角度认识生产如何面向市场。

第四章

数据的采集与处理

第四章　数据的采集与处理

第一节　数据采集和样本选取

如果构建结构方程模型的数据来源于实地调查，即使用一手资料，而不是已公布的各种统计数据，则在潜变量确定、可测变量选择、模型路径图绘制后，数据的采集就变得尤为重要。

一、研究总体的确定

研究任何一个问题，首先必须明确研究的总体，如前所述，研究的总体是大学生的有关问题。大学生群体也需要进一步明确，是全日制在校本科生还是硕士生或是博士生。不同的群体有着不同的特点，研究设计时需要考虑的方面不同。如研究企业的竞争力及影响因素，是研究上市公司还是非上市公司？是哪个行业的？不同行业的经营方式不同，财务表现不同，影响因素也不会等同。

二、样本的选取

当研究总体确定后，如何从总体中选取受访者也就是选取样本也很重要。样本或者是受访者，需要对所研究的问题具有一定代表性。

样本量的多少取决于模型的复杂程度，一般来说，样本量至少是待估计参数的5倍。如模型有10个待估计参数，则至少需要50个样本，以保证正确估计参数。由于结构方程模型通常需要估计的参数较多，一般要求有较大的样本量。有研究者认为样本量至少为50，最好达到估计参数个数的5倍以上；还有研究者指出样本量在200～400之间比较合适。

[例4.1] 大学生幸福感样本选取

分析：本次调查的总体是北京市和广东省所有在校本科生。选取经济实力强、社会发展快、流动人口较多，但是文化和社会背景差异较大的

北京和广东进行调研,旨在丰富样本、平衡南北方学生数目,同时研究生活环境等因素对大学生幸福感的影响。

样本选取方法。采取分阶段抽样方法选取两地大学生:第一阶段采用判断抽样的方法选取学校样本,第二阶段采用配额抽样的方法抽取学生样本。

使用这种抽样方法的原因:一是两地大学生数量较多,难以获得大学生的性别、专业结构、生源地等的准确信息数据,这会导致难以选择抽样框,所以选择判断抽样方法;二是不同高校的专业设置、教学规模、男女比例等差别较大,若采用随机抽样,难以体现各高校多方面的差异,影响抽取院校的代表性;三是配额抽样直接分配学生数,可以使得样本更具代表性。

由于人力、物力的限制,只能调查少数高校。为了使样本尽可能反映总体情况,降低不同学校类型、氛围、教学侧重等带来的多种环境因素对大学生幸福感的影响,选择学科比较齐全,有文、理、工、商、法、医科等中的多门学科,办学规模较大的综合性大学作为样本。具体考虑见表4-1所示。

表4-1 学校样本选取依据

院校	类别	所在地	学院属性	主管部门	学校类型	武书连大学排名(2013)
北京大学	第一类院校	北京	985,211	教育部	综合	2
中山大学	第一类院校	广东省(南、北、东校区;珠海校区)	985,211	教育部	综合	9
北京科技大学	第二类院校	北京	211	教育部	理工	47
暨南大学	第二类院校	广东省(瘦狗岭校区、深圳校区,珠海校区)	211	国务院侨务办公室	综合	51
北京联合大学	第三类院校	北京		北京市教育委员会	综合	236
深圳大学	第三类院校	广东省深圳市		广东省教育厅	综合	124

本次调查对象为在校本科生,因此只选取有本科生的校区。北京科技大学属于教育部主管,暨南大学属于国务院侨务办公室主管,但两者在综合实力、排名、专业设置的全面性、学校属性(同属211大学)等方面比较接近,且北京科技大学虽属理工类大学,但如今已发展成多学科协调发展的高校,与综合性大学较为相似。地区保护政策在地方院校中体现得比较明显,针对北京联合大学和深圳大学生源的特点,对此两所高校将着重考虑生源地的影响。

在抽取到的高校中对学生的年龄、性别进行配额抽样。鉴于难以获得各个高校的男女比例的精确数据,且选取的高校在学科类型上较为均衡,考虑实际抽样的可行性,假定高校男女比例是1:1,且假定所选取的高校近年来的招生人数无显著变化,不考虑扩招、"大小年"等情况的影响,忽略各个年级人数的差异。综上,按高校大学生性别、年级均等抽样。

由于研究大学生幸福感结构需要构建结构方程模型,按照模型待估计参数60个计算,至少要求有效样本量为300个。考虑估计参数最好与样本量保持1:15的比例,初步定样本量为900个。考虑回答率大致为0.8,即每类院校收集样本375个(300/0.8),为方便取样及分配每类院校而取样本量为400。

无论采用什么方法选取样本,必须保证所选样本对自己研究的问题具有代表性。如果样本有偏,会影响最后的分析结果和模型的解释性。比如研究的是全体在校本科生,实际选取的样本基本都是大四的本科生,这只能代表大四的学生,对其他年级的学生在一定程度上代表性会大大减弱。

三、预调查调整初始模型

一般来说,如果是实际进行问卷设计并实施调查搜集数据,在问卷设计完成后需要进行预调查,一方面是考查问卷设计是否合理,一方面也可以利用预调查的结果对所构建的模型进行调整。

[例4.2] 大学生幸福感模型调整

分析:如果能够通过预调查修订量表,并调整初始设定的模型,这对最终进入正式调查和利用模型合理分析将奠定很好的基础。预调查于中国人民大学实施，在注意平衡样本分配保证构成多样性的条件下，随机抽取样本。共发放245份问卷，获得224份有效回答问卷。样本构成情况如下：男性110份占比49.1%，女性114份占比50.9%；大一占比3.6%，大二占比40.6%，大三占比38.8%，大四占比17.0%。

利用预设的模型分析于中国人民大学收集到的数据，结果如下：模型各个路径系数/载荷系数在显著性水平$\alpha=5\%$时均通过显著性检验，但模型拟合的指标并不太理想。同时，在此理论框架下调整可测变量间相关路径并不能有效改善模型拟合的情况，此问题产生的原因可能是由于基于文献检索和访谈确定的结构有科学理论的支持，但由于幸福感理论尚不完善并且处于不断发展之中，生活满意度和心理幸福感的相互影响的机制尚不完全明晰，两维度下可测变量间缺乏清晰的划分界限，导致难以明确很多指标的含义。

因子分析技术可以在降低维度时对数据内部的结构关系信息加以提取，对224份有效问卷的量表型数据进行方差最大旋转方式进行因子分析（由于KMO=0.892，表明对此分析方法适合），结果如表4-2所示。

表4-2 预调查旋转后成分矩阵

	Component					
	1	2	3	4	5	6
父母等亲人的物质支持	.033	.003	.875	.124	.177	.096
亲人的尊重与理解	.151	.148	.901	.138	.118	.086
家庭温暖与关爱	.097	.098	.883	.073	.134	.122
所学专业	.727	-.022	.103	.272	.104	.215
学习成绩	.794	.151	.085	.076	.120	.030
所收获的知识	.771	.305	.076	.168	.091	.117
学习和生活的充实情况	.704	.424	.089	.072	.078	.217
参与学习和工作的积极性	.553	.426	.078	.338	.108	.091
规划与利用时间的能力	.541	.537	.025	.207	.039	-.092
适应环境的能力	.166	.720	.173	.135	.125	.282
学习和工作上的进步	.396	.722	.104	.103	.068	.108
学习和生活中的创新能力	.230	.714	.018	.297	.069	-.067

第四章　数据的采集与处理

续表

	Component					
	1	2	3	4	5	6
应对挑战与困境的能力	.068	.714	.038	.478	.106	.117
自我情绪调节能力	.154	.289	.132	.624	.191	.083
独立思考能力	.175	.332	.118	.653	.051	.100
与教师关系	.421	.152	.038	.706	.114	.088
与同学和朋友关系	.103	.159	.213	.624	.164	.374
校园生活便利程度	.094	.113	.113	.271	.172	.791
校园发展和学习氛围	.241	.091	.155	.075	.176	.795
食欲状况	.082	.126	.103	.151	.657	.279
睡眠质量	.084	.002	.136	.182	.851	-.003
健康状况	.166	.149	.197	.028	.787	.155

当提取6个因子时，累积方差贡献率达到70.908%，各个变量的信息提取量均在50%以上。若增加提取数目以提高方差贡献率，则边际方差贡献率增加缓慢，即继续增加因子数目对原有数据的解释力并无明显的提高作用，因此认为6个因子对数据主要信息已有较强的说服力。

基于表4-2所示，可以对每个因子进行更细致的阐述。

第一因子对所学专业、学习成绩、所收获的知识、学习和生活的充实情况、参与学习和工作的积极性以及规划和利用时间的能力的解释度高，对此6个可测指标内涵信息提取，即主要说明学业的影响。

第二因子侧重于适应环境的能力、学习和生活中的创新能力、应对挑战与困境的能力，以及学习和工作上的进步的说明，是个人应对外界环境以及接受反馈后的自我评价，是对自我应对能力的测评和感受。

第三因子包含父母等亲人的物质支持、亲人的尊重与理解、家庭温暖与关爱三项指标，在说明家庭生活影响方面能力强，说明家庭的物质和情感支持的影响力强。

第四因子包括自我情绪调节能力、独立思考能力、与教师关系、与同学和朋友关系四项指标，主要说明人际关系、自我情绪调节能力和独立思考能力的自我评价，此部分同时对人际关系、自我情绪调节能力和独立思考能力的信息展现了高的表现力,说明自我情绪调节能力以及独立思考能力受到外界环境的影响是明显的,人际关系的好坏会对个人、对他人的情感依赖程度造成影响,同时与他人交往会对一个人保持独立思想和人格产生一定的冲击,尤其是在社会环境中都表现出从众时,坚守自我往往不易,此主成分将人际关系与独立思考和自我情绪调节能力结合也是大学生这一群体的心理的体现,因为处于半象牙塔的环境中,往往个人的思想和判断受到外界的冲击影响仍处于较为明显的状态。

第五因子包含食欲状况、睡眠质量和健康状况三项指标,说明基本生活情况的满意度,侧重说明身体健康状况的影响。

第六因子包含校园生活便利程度、校园发展和学习氛围两项指标,说明校园环境的影响,反映社会支持,即社会幸福感的体现。

基于以上分析,从6个因子的构成角度对指标进行重新理解和划分,可以构建一个不同于基于文献检索的大学生幸福感模型,基于6个因子直接构造大学生幸福感的一级维度,并且这个模型在一定程度上解决了依据理论建立的模型而存在某些可测指标划分归属不清晰的问题,使得整体更加易于理解。基于数据构造的大学生幸福感结构图如图4-1所示。

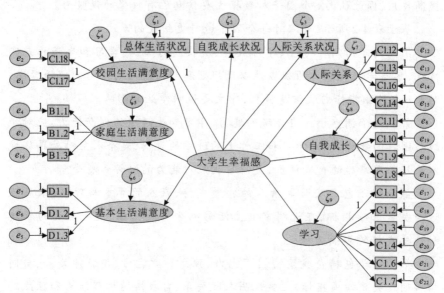

图4-1 基于预调查数据修改的大学生幸福感结构模型

第四章 数据的采集与处理

利用此结构进行结构方程模型拟合所得各载荷系数显著,并且显著性高于基于理论汇总提取获得框架构建的模型,并且各项模型拟合指标较原设定模型均有明显提高。

第二节　缺失或异常数据处理

在实际分析数据时经常会遇到数据缺失的情况。造成数据缺失的原因大致有几种:调查对象拒绝回答或回答问题不合要求;通过各种途径无法获得该项数据;数据录入失误,漏掉该数据;机器故障,数据存储出现问题;等等。

在描述过程中发现数据存在缺失,首先要核实缺失是否属实。通过核实原始数据库,可以找回因录入和存储原因造成缺失的数据,如果原始数据库中标记为缺失或无效,说明缺失属实。如果缺失属实,在条件允许的情况下,可以追查和记录缺失的原因,以便于后续的分析和判断。

一般来说,在描述分析的过程中不对缺失数据进行其他处理,只核实缺失数据是否属实,填补上因录入和存储造成缺失的数据。因为描述是对数据分布特征进行真实的呈现,数据缺失是数据真实分布的一种特殊情况,故做描述分析时只将因录入或存储时造成的缺失或错误进行核实修订;不对数据做其他处理,即不删除或插补。

只有在描述完成后,要进一步对数据建立模型进行分析时,如回归分析,才考虑对缺失数据进行删除或插补。插补的方法主要有均值插补、同类均值插补、多重插补等。也有些模型和估计方法可以忽略缺失值的影响而进行建模和估计,不需要对缺失值进行处理。

一、数据缺失的类型

为便于说明,引入记号 $A(m)$, $A(u)$, $B(m)$, $B(u)$。若变量 A 有一部分数据缺失,记为 $A(m)$,没有缺失的部分记为 $A(u)$;其他变量数据缺失部分记为 $B(m)$,没有缺失的部分记为 $B(u)$。

1. 系统缺失

当 $A(m)$ 与 $B(m)$ 和 $B(u)$ 之间存在依赖关系,即变量 A 的缺失数据与其他变量的缺失和未缺失部分的数据相关时,称为系统缺失(Systematic Missing)。系统缺失往往是人为因素造成的,如调查员漏登记或录入人员未将数据录入等。它是数据缺失中不可忽视的一类,如果不加以控制,会导致结果出现系统偏差。

2. 完全随机缺失

若 $A(m)$ 与 $B(m)$ 和 $B(u)$ 完全独立,即变量 A 的缺失数据与其他变量的缺失和未缺失部分数据完全无关时,称为完全随机缺失(Missing Completely at Random, MCAR)。

3. 随机缺失

若 $A(m)$ 与 $B(m)$ 相互独立,但与 $B(u)$ 相关,即变量 A 的缺失数据与其他变量的数据缺失部分无关,但与未缺失部分相关,称为随机缺失(Missing at Random, MAR)。随机缺失比完全随机缺失的条件放宽一些,允许一个变量数据缺失部分与另外变量数据未缺失部分相关。

4. 随机观测

若 $A(m)$ 与 $B(u)$ 相互独立,但与 $B(m)$ 相关,即变量 A 的缺失数据与其他变量的数据未缺失部分无关,但与缺失部分相关,称为随机观测(Observed at Random, OAR)。

一般认为 MAR 和 MCAR 类型的缺失是可以忽略的,通常缺失 5%~10% 可以接受。但如果缺失过多,造成样本数目不足,则不能忽略,而必须采取措施进行补救。缺失值处理方法主要针对 MCAR 和 MAR 类型的缺失,方法大体上分为三类:删除法、取代法和模型处理法。其中前两类方法用于 MCAR 类型的缺失;最后一种既可用于 MCAR,也可用于 MAR 类型的缺失。

二、数据缺失的删除法

删除法是一种处理缺失数据的基本方法。当采集到的数据量很大时,可以采用将数据缺失的样本(受访者)删除的方法。

1. 表列删除法

表列删除法是将有数据缺失的受访者的所有资料全部删除的方法。不管受访者缺失数据的数量，只要有一项遗漏，则该受访者全部资料均被删除，以保证进行运算的所有受访者数据都是完整的。该方法操作简单，但带来两方面的问题：一是若缺失过多，删除受访者过多，导致观测的样本数减少，从而使模型参数得不到正确估计；二是因为一项缺失而删除该受访者所有资料，导致信息浪费。

这种方法只有当观测的样本数据量足够或数据缺失较少，不会因删除影响参数的有效估计时，才可采用。

2. 配对删除法

配对删除法是只在需要用缺失或遗漏值进行分析时，才被删除，其他信息仍然被使用的方法。结构方程模型通常以方差—协方差阵为基础进行分析，而协方差由两两变量关系形成，因此，可以在计算中，涉及受访者的该项缺失时，再将其删除；分析其他变量关系时，该受访者的数据仍然被使用。也就是说，该方法不会因为某项的缺失而影响受访者其他信息的利用。

配对删除法相对于表列删除法，观测样本数量不会因删除而减少过多，同时信息利用较为充分。但同时也带来以下方面的问题。

(1) 不一致性。由于有的项目（变量）删除了一些值，另一些没有删除，形成在不同项目（变量）上有不同的样本数量，导致不同参数估计时，样本量不同。

(2) 假设检验产生问题。由于不同参数估计时样本数量不同，使得没有统一的样本数目构造检验统计量。目前，有的软件允许采用这种删除法，构造检验统计量时采用的是最小的样本数目。

(3) 导致产生系统性偏差。缺失值比例增加，系统性偏差增大。

(4) 导致以 χ^2 统计量为基础的各种指数产生偏差。χ^2 统计量的大小受缺失值比例和样本数之间关系的影响，缺失值比率大，有效样本数量减少，按最小样本数计算 χ^2 统计量，χ^2 值可能低估；按最大样本数计算则被高估。以 χ^2 统计量为基础计算的各个拟合指数都会有不同程度的偏差。

(5) 采用配对删除法，必须假定所有缺失都是MCAR类型。

三、数据缺失的取代法

取代法是设法为缺失值寻找合适的替代值,将其插补到缺失值的位置,进行计算的方法。因寻找替代值的方法不同而形成不同的取代法。

1. 平均数取代

平均数取代是以变量中有效值的平均数替代缺失值的方法。这种方法简单、容易操作,是常用的一种缺失值处理方法。用平均数取代是建立在变量为正态分布的基础上,如果变量不服从正态分布,以平均数取代缺失值,可能会导致参数估计不正确。在采用平均数取代前,最好将变量未缺失的数据作直方图,观察其分布。可以用该变量的全部数据绘图,若大体服从正态分布,可以采用;若与正态分布差异较大,则视情况另选取中值,如中位数或众数作为替代值,或将受访者分类,观察每类受访者在该变量上的数据。若全部数据不服从正态分布,但分类后该类数据服从正态分布,则可以该类数据的平均数取代本类中的缺失值。当缺失值过多时,采用平均数取代等于将所有缺失值以同一常数替代,从而不能真实反映变量间的相关关系。

2. 回归估计取代

回归估计取代是用回归模型的估计值替代缺失值的方法。这一方法以存在缺失值的变量与其他无缺失值变量建立回归模型,用回归估计值替代缺失值。它可以避免因以平均数取代各个缺失值的不敏感性;由于回归模型具有预测性,因而回归估计取代也具有预测性质。

采用回归估计取代虽然可以避免平均数取代的不足,但也存在一些新的问题。首先,由于假定缺失值变量与其他变量不仅相关,而且具有回归关系,完全按回归关系替代,使得变量间回归特性突出,一般性减少,随机变化被限定在回归关系上,变异性被低估;如果变量间相关不充分,即相关程度不高,或有一定程度相关,但并不呈现为回归关系,则回归估计取代不一定比平均数取代效果好。其次,回归估计结果可能超出变量取代值范围,如采用利克特量表为5分量表,回归估计取代值估计的结果可能是6,这时需要加以调整。

3. Cold deck取代

Cold deck取代不是利用获取的数据本身,而是利用外在资源或以往研究结果作为缺失值的替代值。这类似于平均数取代,只不过平均数取代是计算本次获取数据的平均数,作为替代值,是一种内在取代;而Cold deck取代是利用外在数据计算平均数作为替代值,是一种外在取代法。

运用这种方法的前提是,有相当的把握认为外在数值比内在数值更有效,其不足同平均数取代。

4. 个例取代

个例取代是通过寻找样本以外的与其类似的观察案例,以其取值替代缺失值的方法。例如,在此次调查数据中,家庭收入有缺失,若判断该家庭估计为中等收入,则以其他类似的中等收入家庭的收入值替代。这种方法可用于仅有少量缺失的情况;若不同变量均有缺失,要找到类似的观察案例所需成本较大,也不易操作。

5. 多元取代

上面的每一种方法单独使用都会有不足。为避免这些不足,可以考虑将几种方法组合,如取几种替代值的平均值替代缺失,这就是多元取代。至于选哪几种取代法的估计值,需要根据实际缺失的情况确定。

6. 形态匹配取代

形态匹配取代是一种内在取代法。它是在已经采集的数据中,寻找与缺失值类似的另一个例,即相匹配的个例,以其取值作为替代值的方法。如受访者A某个变量有缺失,受访者B其他变量取值与A相似,但该变量没有缺失,则B是与A相匹配的个例。可以用B在该变量的取值替代A的缺失值。这种方法容易操作,仅利用已有数据资料,但如果找不到相匹配的个例,缺失值将无法取代。

四、模型基础处理法

模型基础处理法因为计算比较麻烦,必须借助计算机完成,因而在实际应用上受到一定限制。这种方法完全从已有数据出发,较为充分地顾及数据的特点,同时考虑到参数估计,因而对于MCAR或MAR类型的缺失,通常都可以获得无偏估计值。

这一方法常用的有 EM 法，即期望最大法（Expected Maximization，EM）和 MCMC 法［带马尔科夫链的蒙特卡洛（Markov Chain Monte Carlo，MCMC）模拟法］。这一方法在参数估计的同时，将缺失值纳入一起分析，不需要再对缺失值做取代。目前，这一方法由于计算机软件提供了一些程序模块而变得容易实现。有兴趣的读者可以参阅相关文献。

五、SPSS中的缺失数据处理方法

在 SPSS 中，提供了多种缺失数据处理方法。下面以一项关于中医药文化认知度的调查数据为例进行演示，该调查中的第五题（Q5）给出多个中医养生谚语，分别为 Q5_1，Q5_2 等，受访者根据自己对这些谚语的认可程度进行打分，最低分为 1 分，最高分为 10 分。本例中，我们把这些打分视为定量变量。

1. 定义缺失值

打开数据文件后，在如图 4-2 的"数据视图"中对数据进行观察，可以看到，有些单元格没有数据，只有一个"."，在 SPSS 中，会将这种数据自动定义为缺失，称为系统缺失。另外，还有一些单元格的数据为"-1"，这种数据是由于受访者没有回答而造成的，也属于缺失数据，但是需要用户自定义为缺失。

	Q5_1	Q5_2	Q5_3	Q5_4	Q5_5
20	8	8	7	6	8
21	6	6	10	5	10
22	-1	.	8	7	10
23	10	8	9	9	10
24	10	6	9	10	7

图 4-2　数据视图

下面以 Q5_1 为例，演示如何自定义缺失。点开左下角的"变量视图"如图 4-3 所示，可以看到，系统默认 Q5_1 没有用户自定义的缺失数据，"缺失"属性是"无"。

第四章　数据的采集与处理

	名称	类型	宽度	小数	标签	值	缺失
65	Q5_1	数值(N)	5	0		无	无
66	Q5_2	数值(N)	4	0		无	无

图 4-3　变量视图

点击 Q5_1 的"缺失"属性"无"，会出现一个按钮，如图 4-4 所示。点击这个按钮，弹出【缺失值】对话框，如图 4-5 所示。

	名称	类型	宽度	小数	标签	值	缺失
65	Q5_1	数值(N)	5	0		无	无
66	Q5_2	数值(N)	4	0		无	无

图 4-4　缺失属性

图 4-5　缺失值类型

图 4-6　缺失值处理

本例的缺失值属于离散缺失值，点击"离散缺失值"，如图 4-6 所示；然后将"-1"输入空白框内，点击确定，SPSS 将把"-1"作为用户自定义的缺失值，如图 4-7 所示。如果有其他自定义的缺失值，依次输入后面的空白框内即可。

	名称	类型	宽度	小数	标签	值	缺失
65	Q5_1	数值(N)	5	0		无	-1
66	Q5_2	数值(N)	4	0		无	无

图 4-7　缺失值定义

如果进行频数分析(分析→描述统计→频率),得到如表4-3的频数分析表,可以看到,Q5_1有6个系统缺失值,还有21个无回答缺失值,即-1。

表4-3 Q5_1频数分析

Q5_1

		频率	百分比	有效百分比	累积百分比
有效	1	7	4.8	5.8	5.8
	2	5	3.4	4.2	10.0
	3	17	11.6	14.2	24.2
	4	8	5.4	6.7	30.8
	5	6	4.1	5.0	35.8
	6	13	8.8	10.8	46.7
	7	14	9.5	11.7	58.3
	8	14	9.5	11.7	70.0
	9	17	11.6	14.2	84.2
	10	19	12.9	15.8	100.0
	合计	120	81.6	100.0	
缺失	-1	21	14.3		
	系统	6	4.1		
	合计	27	18.4		
合计		147	100.0		

2. 缺失值处理方法

在SPSS中,有三个不同的模块可以处理缺失值:①"数据"菜单下的"选择个案"可以对缺失数据进行表列删除;②"数据转换"菜单下的"缺失值替代"可以进行简单的缺失值填补;③"分析"菜单下的"缺失值分析"可以进行更为复杂的缺失值填补。

(1) 表列删除法

表列删除法有三种。第一种是手动删除,在图4-2数据视图中手动删除所有有缺失值的行即可。

第二种是用选择个案的方法。点击"数据"按钮,弹出下拉菜单,进入其中"选择个案"选项,如图4-8所示。选择"使用筛选器变量",添加用于筛选个案的变量,然后在输出中,选择"删除未选择个案",则SPSS会将有

第四章 数据的采集与处理

缺失值的个案删除掉。

第三种方法是使用缺失值分析。点击"分析→缺失值处理",弹出如图4-9的【缺失值分析】对话框。

图4-8 选择个案

图4-9 缺失值分析选择

在如图4-10的【缺失值分析】对话框中,将待分析的变量拖入右侧的"定量变量"框内,本例选择了Q5_1~Q5_5 5个变量。勾选"估计"中的"按列表"选项,点击确定,即可在输出文档看到使用表列删除法计算的结果,包括均值、标准差、协方差和相关系数等。

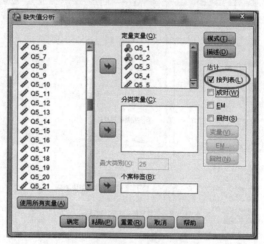

图4-10 缺失值分析对话框

表4-4、表4-5分别是进行表列删除法处理后的均值与协方差矩阵。

表4-4 缺失值删除后均值

列表均值

案例数目	Q5_1	Q5_2	Q5_3	Q5_4	Q5_5
120	6.34	5.51	6.01	5.88	5.93

表4-5 缺失值删除后协方差阵

列表协方差

	Q5_1	Q5_2	Q5_3	Q5_4	Q5_5
Q5_1	8.059				
Q5_2	1.043	7.244			
Q5_3	1.921	.895	8.462		
Q5_4	1.326	1.472	1.530	7.247	
Q5_5	2.208	1.917	2.337	1.950	7.390

(2)配对删除法

在【缺失值分析】对话框中,勾选"估计"中的"成对"选项,点击确定,即可在输出文档看到使用配对删除法计算的结果。如图4-11所示。

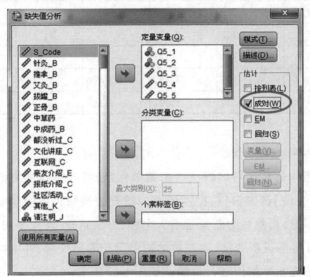

图4-11　配对删除处理

表4-6、表4-7分别是进行配对删除法处理后的均值与协方差矩阵。

表4-6　配对删除后的均值

成对均值

	Q5_1	Q5_2	Q5_3	Q5_4	Q5_5
Q5_1	6.34	5.51	6.01	5.88	5.93
Q5_2	6.34	5.53	5.98	5.89	5.93
Q5_3	6.34	5.53	6.00	5.90	5.97
Q5_4	6.34	5.53	6.00	5.90	5.97
Q5_5	6.34	5.53	6.00	5.90	5.97

表 4-7 配对删除后的协方差阵

成对协方差

	Q5_1	Q5_2	Q5_3	Q5_4	Q5_5
Q5_1	8.059				
Q5_2	1.043	7.235			
Q5_3	1.921	.825	8.430		
Q5_4	1.326	1.482	1.496	7.147	
Q5_5	2.208	1.902	2.364	1.955	7.404

（3）平均数取代法

采用均值替代可以依次点击菜单栏"转换→替换缺失值"，在弹出的【替换缺失值】设置窗口，把左侧框内需要替换缺失值的变量拖入右侧的"新变量"框内，然后为新变量输入名称，方法选择"连续平均值"。点击确定，SPSS将生成新变量，新变量的数值等于原始变量，其中原始变量中的缺失值用连续平均值进行替换。如图 4-12 所示。

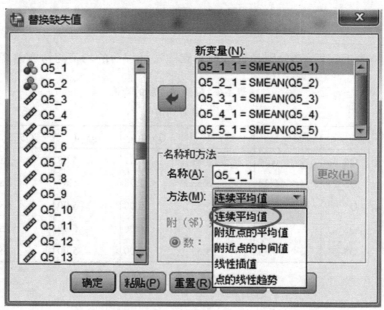

图 4-12 均值替代处理

第四章 数据的采集与处理

点击"分析→描述统计→描述",即可发现新变量的统计表中显示没有缺失值,而且新变量的均值与原始变量的均值相等。表4-8是均值替代后的结果。

表4-8 均值替代后变量的描述分析结果

描述统计量

	N	极小值	极大值	均值	标准差
Q5_1	120	1	10	6.34	2.839
Q5_2	121	1	10	5.53	2.690
Q5_3	122	1	10	6.00	2.903
Q5_4	122	1	10	5.90	2.673
Q5_5	122	1	10	5.97	2.721
SMEAN(Q5_1)	147	1.0	10.0	6.342	2.5629
SMEAN(Q5_2)	147	1.0	10.0	5.529	2.4385
SMEAN(Q5_3)	147	1.0	10.0	6.000	2.6432
SMEAN(Q5_4)	147	1.0	10.0	5.902	2.4338
SMEAN(Q5_5)	147	1.0	10.0	5.967	2.4771
有效的 N(列表状态)	120				

除了平均数取代法,SPSS还提供了附近点的均值、附近点的中值(中位数)、线性插值以及点的线性趋势等替代方法。

(4) 回归估计取代法

在【缺失值分析】对话框中,勾选"估计"中的"回归"选项。如图4-13所示。

在图4-13中,点击"变量"按钮,弹出【缺失值分析:EM 的变量和回归】对话框,如图4-14所示。在这个对话框中确定回归估计中的自变量(预测变量)和因变量(被预测变量)。系统默认是"使用所有定量变量",即所有的定量变量均参与估计,点选"选择变量",用户可以自己选择相关的变量作为"预测变量(R)"和"被预测变量(D)"。

在图4-13中,点击"回归"按钮,弹出【缺失值分析:回归】对话框,如图4-15所示。SPSS的回归估计取代法可以在回归估计值上添加一个随机项进行"估计调节",SPSS 提供了4个选项,系统默认随机抽取未缺失数据的残差作为随机项。

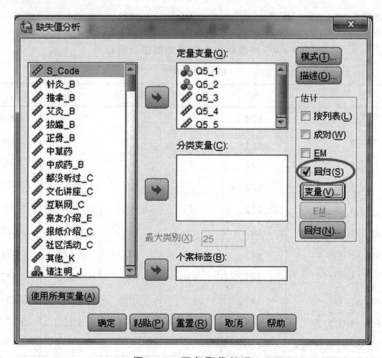

图 4-13　回归取代处理

图 4-14　回归取代变量设置

图 4-15　回归取代方式设置

点击确定,即可在输出文档看到使用回归估计取代法计算的结果,包括被预测值的均值、协方差阵及相关阵。表4-9、表4-10分别是进行回归估计取代法处理后的均值与协方差矩阵。

表4-9　回归估计取代处理后的均值

回归均值[a]

Q5_1	Q5_2	Q5_3	Q5_4	Q5_5
6.15	5.41	6.10	5.97	5.97

a.将随机选中的案例的残差添加到各个估计。

表4-10　回归估计取代处理后的协方差阵

回归协方差[a]

	Q5_1	Q5_2	Q5_3	Q5_4	Q5_5
Q5_1	7.777				
Q5_2	1.061	6.749			
Q5_3	1.423	.639	8.237		
Q5_4	1.459	1.079	1.544	6.828	
Q5_5	2.110	1.494	1.791	1.423	7.745

a.将随机选中的案例的残差添加到各个估计。

（5）EM法

在【缺失值分析】对话框中,勾选"估计"中的"EM"选项。如图4-16所示。

与回归估计取代法一样,点击"变量"按钮,弹出【缺失值分析:EM的变量和回归】对话框,在这个对话框中确定回归估计中的自变量（预测变量）和因变量（被预测变量）。

点击"EM"按钮,弹出【缺失值分析:EM】对话框,如图4-17所示。SPSS的EM法提供了三种数据分布:正态分布,混合正态分布和学生t分布。系统默认正态分布。如果选择混合正态分布,需要设置混合比例和标准差比率。如果选择学生t分布,必须指定自由度。

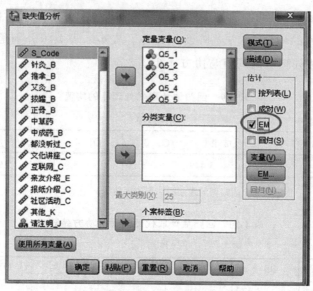

图 4-16　EM 处理法

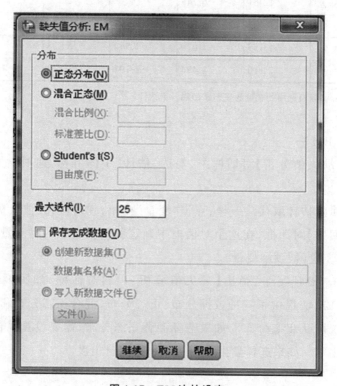

图 4-17　EM 法的设定

第四章 数据的采集与处理

点击确定,即可在输出文档看到使用EM法计算的结果,包括均值、协方差阵及相关阵。表4-11、表4-12分别是进行EM法处理后的均值与协方差矩阵。

表4-11 EM法处理后的均值

EM 均值[a]

Q5_1	Q5_2	Q5_3	Q5_4	Q5_5
6.35	5.54	6.00	5.90	5.97

a. Little 的 MCAR 检验: $\chi^2 = 4.617, DF = 7$, 显著性 = .707

表4-12 EM法处理后的协方差阵

EM 协方差[a]

	Q5_1	Q5_2	Q5_3	Q5_4	Q5_5
Q5_1	8.058				
Q5_2	1.036	7.239			
Q5_3	1.917	.836	8.430		
Q5_4	1.314	1.480	1.496	7.147	
Q5_5	2.215	1.922	2.364	1.955	7.404

a. Little 的 MCAR 检验: $\chi^2 = 4.617, DF = 7$, 显著性 = .707

第三节 数据的信度和效度检验

运用结构方程模型分析研究潜变量之间的结构关系,需要根据所设定的可测变量采集相应的数据。如果模型设定,通常都会设计问卷直接调查收集所需要的数据,这是获取的一手资料,也是运用结构方程模型的一个重要步骤。当建立结构方程模型所使用的数据,是由直接调查得到的结果时,调查数据是否能说明调查的结论,需要对数据的可信程度、有效程度进行分析。本书涉及的内容要求测量数据是定距及以上测量层次的数据,定序数据如果能够转换成定距的,可以使用。这一点,应在设计问卷时充分考虑，尽量采用合理的量表形式进行测量。现在已有一些研究者，研究定类数据的应用，有兴趣的读者可以参看相关文献。

对于直接调查获取的数据是否可信和可靠，需要进行信度和效度的检验。这将在一定程度上决定着研究结果的可靠性。

一、信度检验

1. 信度

信度(reliability)指测量结果(数据)一致性或稳定性的程度。一致性主要反映的是测验内部题目之间的关系，考察测验的各个题目是否测量了相同的内容或特质。对于同一个人在不同时间，以相同的测量工具进行测量，如果两次测量结果一致，表明测量结果具有稳定性、可靠性。一致性越高，信度越高。一致性的程度也是相对的，误差愈小，信度越高。稳定性是指用一种测量工具(譬如同一份问卷)对同一群受试者进行不同时间上的重复测量结果间的可靠系数。如果问卷设计合理，重复测量的结果间应该高度相关。一般来说，数据的可信程度可以从三方面测量，即稳定性、等值性和内部一致性。信度主要检测所收集数据的可靠性。

如果将信度理解为测量中可以避免误差的程度，则信度可以由测量中误差的大小加以说明。测量中通常有两类误差发生，即系统误差和随机误差。系统误差指由于方法不当等人为因素造成的误差，如问卷中设计题目不当或受访者没有正确理解而回答有误带来的偏差；数据录入失误引起的偏差等。随机误差则指测量时无法预测的误差，亦称非系统误差。在任何测量中，都需尽量避免系统误差，减小随机误差。

2. 等值性信度

等值性信度是考虑误差有多少来自不同的受试者或不同测量项目的测量。探讨特定时间时，不同受试者或测量项目所造成的变异。

3. 重测信度

重测信度是考察测量的稳定性。用一种测量工具，对同一群受试者检测，再检测，即在不同时间重复进行测量，两次测量结果计算的可靠系数，即为重测信度。若问卷设计合理，第一次和第二次回答结果应该高度相关。

这一测量的不足在于:一是测量间隔,测量间隔多长为宜是一个问题。测量的间隔时间内,很难保证研究对象特征不变化,误差并不随机;二是重复测量可能受前一次测量影响,因而无法保证两次测量误差不相关。

在同一人群中测量两次,重测信度的大小受两方面影响:一是评价者间信度,如果在同一人群中测量两次,则误差主要来源于对问卷理解的差异,通常要求重测信度在 0.65~0.95 之间,最好高于 0.85;二是复测信度,这是两次测量在不同人群中进行,要求重测信度在 0.70 以上。但是实际很难达到,因为影响因素太多。对某些项目或问题的重测信度达到 0.5 以上即可。

4. 内部一致性信度

(1) 折半信度

折半信度(split-halves)用以测量项目之间的内部一致性(internal consistency)。将测量分为两组题目,例如奇数题,偶数题,或前一半为一组,后一半为另一组,求两部分的相关系数。两部分相关程度越高,表明测量工具在内部一致性方面具有越高的信度。

折半信度是将所有题目分为两部分,分别计算每位受试者在这两部分的得分,再求这两部分的相关系数 $\rho_{x_1 x_2}$,两部分越相关,$\rho_{x_1 x_2}$ 越接近于 1,则 $\rho^2_{T_1(x_1 x_2)}$ 也越接近于 1,即信度越高。采用折半信度的关键是如何折半,折半不同,所得结果也往往不同。

(2) α 系数

折半信度建立在两半题项得分的方差相等的假定上,但实际数据并不一定满足这一假定。如果两半的方差不相等,折半信度往往被低估。克朗巴哈(Cronbach)提出用 α 系数测量信度,即累加利克特量表的信度。若测量结果服从正态分布,则题内不同人的结果的差异不应太大,即方差较小。

α 系数越接近于 1,信度越高。一般来说,该系数大于或等于 0.7,认为其内部一致性较高;在 0.35~0.7 之间,认为内部一致性普通;小于 0.35 则内部一致性较低。α 系数还可以用于问卷修正。删除某变量后,如果 α 系数提高,则表明删除是合适的。

[例4.3] 大学生工作预期数据的内部一致性信度分析。

分析：由计算可知，α系数实际是可测变量的数目以及其平均相关系数的函数，也是用于测量各个可测变量反映潜变量的程度。根据采集的331份问卷的数据，运用SPSS 11.0计算α系数，得到结果如表4-13所示。

表4-13　大学生工作预期数据的信度

潜变量	可测变量	相关系数	α系数
η_1	y_1	0.0419	
	y_2	0.2661	0.5123
	y_3	0.2903	
η_2	y_4	0.3732	
	y_5	0.4235	0.5368
	y_6	0.1946	
η_3	y_7	0.3250	
	y_8	0.2080	
	y_9	0.4724	0.5913
	y_{10}	0.4509	
	y_{11}	0.3707	
ξ_1	x_1	0.3572	
	x_2	0.4250	0.5873
	x_3	0.4145	
ξ_2	x_4	0.1958	
	x_5	0.2874	0.3387
	x_6	0.2223	

由表4-13可以看出，总的来说，α系数都不大，特别是ξ_2的α系数小于0.35，过低，每个可测变量与潜变量的相关系数均较低，表明用这三个可测变量反映潜变量值得推敲。表中的相关系数，是每一变量得分与总得分（反映潜变量的分值）之间的相关系数。η_1中的y_1与η_1的相关系数过低，如果删除该变量重新计算α系数，则由0.5123提高到0.6740。这表明删除该变量可能是合适的。同样，η_2中y_6与η_2的相关系数也很低，删除该变量

重新计算α系数将为0.5815,也有所提高。从内部一致性信度分析,上述两个变量似乎应该删除,但是否一定删除,最好结合模型修正通盘考虑。α系数为问卷修订、模型修正提供了可参考的依据。

折半信度、α系数都用于测度量表内部的一致性。前者是两半量表测量结果间的一致性;后者为量表中每一题项得分间的一致性即同质性。

(3) 构造信度

构造信度(construct reliability)主要是评价潜变量的信度,即一组可测变量(指标)共同说明某一潜变量的程度。它也是反映内部一致性的指标。

可以用参数估计C.R.的取值反映。C.R.在0～1之间:越接近1,信度越高,表明构成这一潜变量的指标之间关联度较高,即这一测量中各个指标间一致性越高;若信度较低,表示各指标间较不一致,作为反映潜变量的可测变量是比较差的。构造信度的大小反映可测变量能够测量潜在结构的程度,最好大于0.7。目前,关于信度系数的取值,并没有一个统一认可的界限。但一般认为,在0.9以上是"最好的";0.8左右为"非常好";0.7是"适中";0.5以上"可以接受";低于0.5表明至少有一半的观测变异来自于随机误差,因而信度不够高,不能接受。在实际应用中,为保证潜变量的可信程度,通常采用0.6作为可以接受的标准。

二、效度检验

效度(validity)指测量工具能够正确测量出所要测量问题的程度。测定效度就是要确认,所收集的数据能否得到所要得到的结论,反映所要讨论的问题,同时也判定潜变量是否确定合理。例如,有一根尺标出的量度为36米,而实际的真正量度为40米。虽然用它测量某物长度的结果每次都相同,但量度结果却被降低,产生偏差,表明这个测量工具即这根尺量度无效度。因为它不能真实反映所要反映的事物。效度的正确性是相对而非绝对的,通常以测验分数或相关系数表示。根据效度的定义,测量工具的效度可以从四个方面进行度量,即内容效度(content validity)、效标效度(criterion validity)和构造效度(construct validity)和共轭效度(conjugate validity)。

1. 内容效度

内容效度是指测量工具内容的适合性,即是否反映想要测评的全部内容,也称表面效度或逻辑效度,指测量目标与测量内容之间的适合性与相符性。对内容效度常采用逻辑分析与统计分析相结合的方法进行评价。逻辑分析一般由研究者或专家评判所选题项是否"看上去"符合测量的目的和要求,如问卷内容是否能够涵盖所要研究问题的各个方面,如果能够涵盖,则具有优良的内容效度。例如,研究学生对食堂的满意情况,需要确定食堂的哪些服务与学生的满意情况有关,学生关注什么方面,哪些更主要等。问卷内容如果能充分涵盖这些,则具有优良的内容效度。

一般认为内容效度是定性的判定,较为主观,可以采用德尔菲法,即专家评估的方法。

2. 效标效度

效标效度又称准则效度、实证效度、统计效度、预测效度或标准关联效度,是指用不同的几种测量方式或不同的指标对同一变量进行测量,并将其中的一种方式作为准则(效标),用其他的方式或指标与这个准则作比较,如果其他方式或指标也有效,那么这个测量即具备效标效度。例如,X 是一个变量,使用 X_1、X_2 两种工具进行测量。如果使用 X_1 作为准则,并且 X_1 和 X_2 高度相关,就说 X_2 也是具有很高的效度。当然,使用这种方法的关键在于作为准则的测量方式或指标一定是要有效的,否则越比越差。现实中,评价效标效度的方法是相关分析或差异显著性检验,但是在调查问卷的效度分析中,选择一个合适的准则往往十分困难,这也使这种方法的应用受到一定限制。效标效度的测定以相关系数表示,称为标准效度系数。

采用标准效度系数测度有两个问题:一是对潜变量,很难找到一个普遍认可的标准,因而运用有困难;二是标准的可靠性,即使找到标准,其可靠性如何判断也是个问题。因为这两个问题的存在,使标准效度系数的计算和使用有一定困难。

3. 构造效度

构造效度(construct validity)亦称结构效度,指测量工具的内容能够推论或衡量抽象概念的能力。构造效度评估是依据原有理论与测量工具二者的配合程度。其测量是从潜变量入手，利用可测变量的相关系数测度。

如果模型构造有问题或效度不够高，则所采集测量的数据不能有效地反映所要研究的问题，变量选择有误，表明问卷中问题的设计值得推敲。这时，可以用主成分分析，帮助考察所设计的问题即可测条目的重要性。第一主成分的方差贡献率的大小反映可测条目对潜变量或所研究目标的贡献，贡献率越大说明与所研究问题或领域关系越密切，一般认为大于0.4较好。

在实际操作的过程中，前面两种效度（内容效度和效标效度）往往要求专家定性研究或具有公认的效标测量，因而往往难以实现，而构造效度可以采用多种方法来实现。

第一种方法是通过模型系数评价构造效度。如果模型假设的潜变量之间的关系以及潜变量与可测变量之间的关系合理，非标准化系数应当具有显著的统计意义。特别地，通过标准化系数可以比较不同指标间的效度。

第二种方法是通过相关系数评价构造效度。如果在理论模型中潜变量之间存在相关关系，可以通过潜变量的相关系数来评价构造效度：显著的相关系数说明理论模型假设成立，具有较好的构造效度。

第三种方法是先构建理论模型，通过验证性因子分析模型的拟合情况来对量表的构造效度进行考评。因此数据的效度检验就转化为结构方程模型评价中的模型拟合指数评价。

4. 共轭效度

共轭效度（conjugate validity）亦称同时效度，是对聚合（convergent）和区别（discriminant）效度的测度。可以考虑不同的测量方法对同一潜变量进行测量，根据测量结果的相关程度做出判定。

5. 建议的方法

为方便计算和检验，通常建议采用下面的方法。

（1）未标准化效度系数

这类似于未标准化回归系数。利用未标准化效度系数的大小，结合实际判断效度。存在多个潜变量时，为多元回归系数。如用x_1测度ξ_1，可以用系数λ_{11}说明用x_1反映ξ_1的效度,即λ_{11}的大小可以证明其效度。若

$$x_1=\lambda_{11}\xi_1+\delta_1$$
$$x_2=\lambda_{21}\xi_1+\delta_2$$
$$E(\delta i)=0, Cov(\delta i,\xi_1)=0, i=1,2$$

可以利用λ_{11}和λ_{21}的大小,反映用x_1,x_2测量ξ_1的效度。如λ_{11},λ_{21}均很小,或显著性检验未通过,则效度很低。反之,则表明效度较高。

(2)标准化效度系数

这类似于标准化回归系数。系数值越大,效度越高。

三、效度和信度的关系

信度,仅考虑测量结果是否一致,不涉及结果是否正确;效度,针对测量目的,考察测量的有效程度。测量结果要有效是前提。在有效的前提下再考虑测量的精确性,因为可信不一定有效。影响信度的因素有两类:人为因素和客观因素。人为因素包括问卷设计、调查者和受试者水平;客观因素主要是受试者受限,样本不足够等。为保证信度,在调查方案设计和问卷设计等方面,都应有严格要求,力求科学、合理及可操作;调查实施及数据录入都应有严格的质量控制。

[例4.4] 大学生幸福感问卷的信度和效度

分析:所有通过实际设计问卷采集的数据,在构建模型和分析之前必须对数据的信度和效度进行检验。

(1)信度分析

在SPSS中,依次点击"分析→度量→可靠性分析",进入"可靠性分析"窗口进行信度分析。将需要分析的指标选入"项目",以潜变量"学习"的可测变量的信度分析为例,将C1.1~C1.4、C1.6和C1.7等六个指标选入"项目"。见图4-18。

第四章 数据的采集与处理

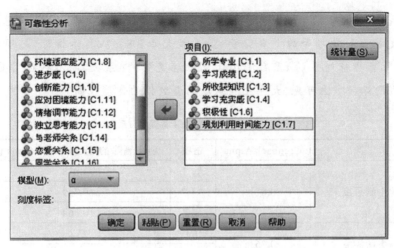

图 4-18 信度分析界面

在"模型"下拉菜单中,提供了 α(Cronbach α 系数)、半分、Guttman、平行以及严格平行等几种模型。其中,α 计算 Cronbach α 系数;半分计算折半系数;Guttman 计算真实信度系数的 Guttman 下界;平行模式要求得分方差相同,严格平行模式则要求均值与方差皆相同。本例选择 α。点击"模型",弹出如图 4-19 的【可靠性分析:统计量】对话框,其中最重要的统计量是"如果项已删除则进行度量",如果删除该指标之后的 Cronbach α 系数很大,说明该指标应该被删除。

大学生幸福感各潜变量的 α 系数以及删除各个指标对应的 α 系数见表 4-14。由表 4-14 可以看

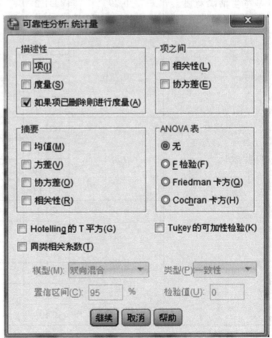

图 4-19 信度分析的统计量界面

到，各个潜变量的α系数都大于0.7，其中大学生满意度、家庭生活满意度、自我成长和学习等四个潜变量的α系数大于0.8。从具体指标（题项）来看，所有指标对应的α系数都小于相应潜变量的α系数，即不存在需要删除的指标。综上可见，大学生满意度调查数据的信度较高。

表4-14 大学生幸福感潜变量α系数

	Cronbach Alpha	题项	项已删除的Cronbach's Alpha值
大学生满意度	0.871	A1.1	0.818
		A1.2	0.769
		A1.3	0.864
校园生活满意度	0.763	C1.17	.
		C1.18	.
家庭生活满意度	0.885	B1.1	0.865
		B1.2	0.810
		B1.3	0.835
基本生活满意度	0.797	D1.1	0.736
		D1.2	0.700
		D1.3	0.730
人际关系	0.776	C1.12	0.697
		C1.13	0.675
		C1.14	0.759
		C1.16	0.726
自我成长	0.881	C1.8	0.861
		C1.9	0.843
		C1.10	0.849
		C1.11	0.835
学习	0.882	C1.1	0.886
		C1.2	0.862
		C1.3	0.847
		C1.4	0.846
		C1.6	0.855
		C1.7	0.873

第四章 数据的采集与处理

（2）效度分析

具体分析请参见第五章有关系数的显著性检验。

第五章

模型参数估计与检验

第五章 模型参数估计与检验

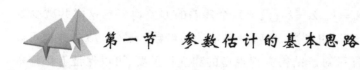

一、参数的类型

结构方程模型的参数与许多统计模型一样,也可以分为三类:自由参数(free parameters)、固定参数(fixed parameters)和限制参数(restricted parameters)。

自由参数是未知并需要估计的参数。模型能否被识别取决于自由参数的个数。实际应用时,为了保证模型可识别,通常尽量减少自由参数,只保留绝对必要待估计的参数,待模型可识别并能进行参数有效估计后,再考虑引入其他感兴趣的参数或替换某些参数。通过比较这些替换模型作出最后的选择。

固定参数是不自由的并固定于某个值的参数。例如,在测量模型中,将每个潜变量的可测变量之一的因子载荷设定为1,或将潜变量的方差设定为1;又如,在结构模型中,将一些路径系数设定为0,表示设定为无影响作用。通过设定一些固定参数可以大大减少自由参数的个数。

限制参数是未知的,但可以被规定等于另一个或另一些参数的值。如图1-4中(见本书第10页),η_1和η_2分别是1960年、1965年的政治民主潜变量,它们分别通过四个指标测量:y_1、y_5是新闻专家的自由评级,y_2、y_6是政治反对的自由程度,y_3、y_7是选举的公正性,y_4、y_8是被选举的立法机关的有效性;ξ_1是工业化程度,用三个指标测量:x_1是GNP(用人口计算),x_2是没有生命的能源消耗(按人口计算),x_3是工业劳动力比例。该模型按照路径图的参数共计28个,包括载荷系数11个,λ_1至λ_{11};路径系数3个,γ_{11}、γ_{21}和β_{21};可测变量残差的方差11个;两个内生潜变量残差的方差;一个外生潜变量的方差。若只收集到75个观测数据,显然这么多参数无法有效估计。为了能够对模型进行估计,可以对参数进行固定、限定,以减少待估计参数的个数。如可以固定$\lambda_1=1$、$\lambda_4=1$、$\lambda_8=1$;同时,考虑类似于1960年和1965年政治反对的自由度在政治民主这一潜变量上的因子载荷不变，限定$\lambda_5=\lambda_9$，$\lambda_6=\lambda_{10}$，$\lambda_7=\lambda_{11}$；设定每个残差的方差均为1，这样共减少20个参数，剩下8个自由参数，也就是要估计的参数。显然，75个数据可以进行估计。这样做对于结构方程模型的建立很重要，可以保证有限样本情况下能够得到最主要参数的估计值。在现有的软件中，通常都会在参数估计时，给予提示。利用提示的信息，对相应参数加以调整，有助于模型的建立。

二、参数估计的依据

在经典的基于线性回归的模型中，参数估计通常依据模型的残差平方和达到最小，能够达到这样效果的参数为合适的参数估计值。最小二乘估计就是这一依据运用的典型。这对于有可测变量构成的结构模型完全适用。如一元线性回归模型(5.1)式

$$Y = \alpha + \beta X + \varepsilon \tag{5.1}$$

可以考虑利用X、Y的观测数据，若能得到Y的估计值$\hat{Y}$，则使$\Sigma\varepsilon^2 = \Sigma(Y-\hat{Y})^2 = \Sigma(Y-\alpha-\beta X)^2$达到最小的$\alpha$、$\beta$的估计值$\hat{\alpha}$、$\hat{\beta}$就是待估计参数$\alpha$、$\beta$的最小二乘估计。但是结构方程模型的结构模型如(1.3)式，是研究潜变量之间的结构关系，没有可以直接观测的数值，无法直接得到各个潜变量的数值，也就无法得到潜变量的估计值，从而没有潜变量的残差。上面的依据无法使用。

结构方程模型既然研究结构，能够反映变量间结构的最好统计特征值是方差和协方差。可以将残差平方和最小的思想转化，将总体变量之间的结构协方差矩阵用Σ表示，由于实际只能观测到有限的样本数据，以样本观测值的协方差矩阵S替代总体变量之间的结构关系；假设模型（带有参数）的协方差矩阵，即模型拟合的协方差矩阵记作$\Sigma(\theta)$，参数估计就是由假设模型得出的协方差矩阵$\Sigma(\theta)$与S尽可能"接近"。如果模型定义正确，总体协方差矩阵与模型拟合协方差矩阵应该相等。

观测变量之间方差和协方差的总体矩阵为

$$\Sigma = \begin{bmatrix} \Lambda_y \mathrm{Cov}(\eta)\Lambda'_y + \Theta_\varepsilon & \Lambda_y \mathrm{Cov}(\eta,\xi)\Lambda'_x \\ \Lambda_x \mathrm{Cov}(\xi,\eta)\Lambda'_y & \Lambda_x \mathrm{Cov}(\xi)\Lambda'_x + \Theta_\delta \end{bmatrix} \quad (5.2)$$

$$\begin{bmatrix} \Lambda_y \mathrm{Var}(\eta)\Lambda'_y + \Theta_\varepsilon & \Lambda_y \mathrm{Cov}(\eta,\xi)\Lambda'_x \\ \Lambda_x \mathrm{Cov}(\xi,\eta)\Lambda'_y & \Lambda_x \mathrm{Var}(\xi)\Lambda'_x + \Theta_\delta \end{bmatrix}$$

其中，Λ_y、Λ_x意义同前；Θ_ε、Θ_δ分别是两个测量模型误差项的协方差矩阵。

（5.2）式被称为协方差方程。由结构模型（1.3）式可得：

$$\eta = (I-B)^{-1}(\Gamma\xi+\varsigma), 记 \ddot{B} = (I-B)^{-1}, 则 \eta = \ddot{B}(\Gamma\xi+\varsigma)。$$

若记外生潜变量的协方差矩阵，结构模型误差项的协方差矩阵

$\mathrm{Cov}(\varsigma) = \Psi$，则 $\mathrm{Cov}(\eta) = \ddot{B}(\Gamma\Phi\Gamma' + \Psi)\ddot{B}$，$\mathrm{Cov}(\eta,\xi) = \ddot{B}\Gamma\Phi$，于是（5.2）式可以写成

$$\Sigma = \begin{bmatrix} \Lambda_y \ddot{B}(\Gamma\Phi\Gamma'+\Psi)\ddot{B}'\Lambda'_y + \Theta_\varepsilon & \Lambda_y \ddot{B}\Gamma\Lambda'_x \\ \Lambda_x \ddot{B}\Gamma\Lambda'_y & \Lambda_x \Phi\Lambda'_x + \Theta_\delta \end{bmatrix} \quad (5.3)$$

模型估计就是要求解（5.3）式中的各个参数的估计值。可以看出，结构方程模型中有8个待估计的参数矩阵：Λ_y、Λ_x、B、Γ、Φ、Ψ、Φ_ε和Θ_δ。由于总体协方差矩阵Σ未知，需要用样本协方差矩阵估计，若S为样本观测变量之间协方差的矩阵，即有$\hat{\Sigma} = S$。于是，对结构方程模型的参数估计就转化为求解一组参数，使得$\Sigma(\theta)$与S的差距达到最小。也就是说，求解模型参数的过程，是不断地将一些参数代入模型，计算出方差和协方差，使得模型拟合协方差矩阵$\Sigma(\theta)$中的每一个元素都尽可能地接近S中相应元素的过程。$\Sigma(\theta)$与S的接近程度可以通过定义的拟合函数得到测定。不同的估计方法定义的拟合函数不完全相同。

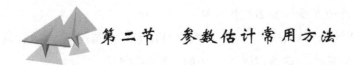

第二节　参数估计常用方法

$\Sigma(\theta)$与S的接近程度可以用拟合函数（fit function）表示，记为

$F(S, \Sigma(\theta))$。不同的估计方法，选用的拟合函数不同，得到的结果也不完全一样。

一、最大似然估计

1. 拟合函数

$$F_{ML} = \ln|\Sigma| - \ln|S| + \text{tr}(S\Sigma^{-1}) - (p+q) \qquad (5.4)$$

式中，$\text{tr}[S\Sigma^{-1}(\theta)]$ 是矩阵 $[S\Sigma^{-1}(\theta)]$ 的迹，即矩阵的对角线元素之和；$\ln|\Sigma|$ 表示矩阵 $\Sigma(\theta)$ 的行列式的对数；$\ln|S|$ 表示矩阵 S 的行列式的对数；p、q 分别是内生、外生可测变量数目。

在大样本情况下，若 S 与 $\Sigma(\theta)$ 越接近，即 $\ln|\Sigma|$ 与 $\ln|S|$ 越接近，$\text{tr}[S\Sigma^{-1}(\theta)]$ 越接近于 $p+q$，则 F_{ML} 越小。若 $S=\Sigma(\theta)$，则 $F_{ML}=0$。因为这时，$\text{tr}[S\Sigma^{-1}(\theta)]=\text{tr}(I)=p+q$。使得 F_{ML} 达到最小值的估计称为 θ 的最大似然值估计（Maximum Likelihood，ML）。

2. 一般假定

采用最大似然估计要求可测变量为连续变量且服从多元正态分布。偏态分布会导致估计效果很差以及错误的标准误差和偏高的值。有研究认为，当可测变量虽不服从正态分布，但峰度不大于8（标准正态分布峰度为3）时，用ML估计不会有很大影响，也有研究认为，峰度不大于25也可以。如果数据不服从多元正态分布，可以考虑采取以下办法：变量进行变换，使其近似于多元正态分布；删除异常值；用自助（boostrap）再抽样，估计参数估计的方差；采用其他估计方法。

3. 性质

（1）ML估计是渐近无偏估计。这一性质表明，参数均值依概率收敛于总体均值。ML估计在大样本情况下偏差很小；样本越大，偏差越小。一般在参数估计时至少需要200个样本。

（2）ML估计是一致估计。这一性质表明在大样本情况下，与 θ 有显著偏差的可能性极小。这种情况下，为 θ 的一致估计。

（3）ML估计是有效估计。如果说，无偏估计是考察估计时均值的大小，那么有效估计则是考虑估计时方差的大小。对于未知参数 θ，会有许多不同的无偏估计量,其中方差达到下界的无偏估计量称为有效估计量。ML是渐近有效的,即所有可能的无偏估计量中,ML估计的渐近方差最小。

（4）ML值渐近服从正态分布。在大样本情况下($n>200$),ML值的分布近似于正态分布。在这一基础上,参数估计值与其标准差之比,近似服从正态分布,甚至为标准正态分布,因而可以对参数进行显著性检验。

（5）ML值不受量纲影响。一般情况下,ML值不受测量单位的影响,亦称具有尺度不变性,即当一个或多个指标的测量单位发生变化时,参数的ML值不变。具有这一性质,基于协方差阵得到的估计与基于相关系数阵得到的估计是一样的。

二、未加权最小二乘估计

1. 拟合函数

$$F_{ULS} = \text{tr}\left[\left(S - \Sigma(\theta)\right)^2\right] \tag{5.5}$$

式中,$S - \Sigma(\theta)$为残差阵。使F_{ULS}达到最小的估计称为未加权最小二乘估计(Unweighted Least Squares,ULS)。可以看出,ULS的基本思想是使S与$\Sigma(\theta)$差距最小。这有点类似于普通最小二乘估计。普通最小二乘估计(Ordinary Least Square,OLS)是考虑$Y - \hat{Y}$,即观测值与模型估计值的差值达到最小;而ULS是考虑$S - \Sigma(\theta)$,即$\text{tr}[\ S - \Sigma(\theta)\ ]^2 = \min$,也就是试图使$\Sigma(\theta)$中的每个元素与$S$中对应的元素差距最小。ULS定义的距离是两个矩阵所对应元素之差的平方和,ULS与OLS定义的差距即距离不同。

2. 性质

（1）在大样本情况下,ULS是一致估计。

（2）对可测变量的分布不作限定,即不要求可测变量总体服从正态分布。

（3）ULS并非总体真值的渐近有效估计。

（4）ULS不具有量纲不变性,即没有尺度不变性。根据协方差阵得到的估计与根据相关系数阵得到的估计一般是不同的。

（5）不能进行参数显著性检验。由于对可测变量分布不作限定,因而一般情况下,得不到参数估计时的标准误差,无法进行参数的显著性检验。若可测变量服从正态分布,可以对参数作显著性检验,有的软件给出ULS的误差,是假定服从正态分布下的渐近标准误差,在LISREL软件中给出正态理论下参数估计的标准误差。

三、广义最小二乘估计

1. 拟合函数

$$F_{GLS} = \text{tr}\left[(S - \Sigma)W^{-1}\right]^2 \tag{5.6}$$

其中,各符号的含义同前。W是一个加权矩阵,是一个正定阵或依概率收敛于一个正定阵的随机矩阵。使F_{GLS}达到最小的估计,称为广义最小二乘估计(Generalized Least Squares,GLS)。

观察式(5.5)与式(5.6)可知,ULS是GLS的特例,即$W=I$,也就是W取单位阵时的估计。如果$W^{-1}=\Sigma^{-1}$,则GLS的估计就是ML的估计,ML估计也是GLS估计的特例。

2. 性质

若样本协方差阵S满足下列条件:一是$E(S_{ij})=\sigma_{ij}$,即$S=(S_{ij})$,是$\Sigma=(\sigma_{ij})$的无偏估计;二是可测变量服从多元正态分布。在大样本下,GLS具有以下性质:

（1）GLS是一致估计,且渐近有效。有效性取决于加权矩阵W^{-1}的限制条件,若加权矩阵W^{-1}依概率收敛于Σ^{-1},GLS与ML一样,具有渐近有效性;GLS渐近服从正态分布。

（2）$(N-1)F_{GLS}$近似于χ^2分布。在大样本情况下$(N-1)F_{GLS}$与$(N-1)F_{ML}$一样,近似于χ^2分布,即有$(N-1)F_{GLS} \sim \chi^2$,式中,N为样本量;p,q分别是内生、外生观测变量数目;t是模型待估计参数的个数,即自由参数的个数。F_{GLS}与F_{ML}一样,可用来对模型进行拟合程度的检验。

（3）大样本情况下,F_{GLS}与F_{ML}很接近,估计的结果也很接近。

（4）具有尺度不变性。当可测变量的测量单位发生变化时,不会影响参数的GLS结果,即具有量纲不变性。

第五章 模型参数估计与检验

四、三种估计方法的评价

可以利用可决系数对不同估计方法得到的估计结果进行评价。可决系数的公式如式(5.7)。

$$R^2 = 1 - \Psi \tag{5.7}$$

式中，Ψ是残差的协方差阵，如果趋近于0，则R^2趋近于1，表明估计结果与实际数据越接近。

除了上述三种常用的参数估计方法，结构方程模型的参数估计方法还可以采用工具变量法、两阶段最小二乘法、对角非加权最小二乘法等。

[例5.1] 大学生幸福感模型参数估计

分析：绘制好模型的输入图之后，在工具箱中点击▦，弹出【Data Files】窗口，如图5-1所示。点击"File Name"，在弹出的窗口中选择数据文件之后，点击确定，则AMOS完成数据导入。本例使用六校调查数据，样本容量为863。

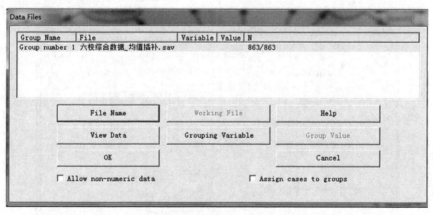

图5-1 数据文件导入

数据导入之后，在工具箱中点击▦，弹出数据文件中全部变量名称的列表。在前面的例子中，我们手动输入可测变量的名称，也可以使用鼠标，将变量名称列表中的变量名称拖动到相应的可测变量矩形框中，完成对可测变量的命名。需要注意的是，手动输入的变量名称必须与变量名称列表中的名称相一致。

AMOS提供五种估计方法,默认的估计方法是最大似然估计。如果想使用其他估计方法,在工具箱中点击▦,弹出【Analysis Properties】界面,如图5-2所示。点击"Estimation"选项卡,在Discrepancy选项下给出不同的估计方法,包括最大似然估计(Maximum likelihood, ML)、广义最小二乘估计(Generalized Least Squares, GLS)、未加权最小二乘估计(Unweighted Least Squares, ULS)、自由尺度最小二乘估计(Scale-free Least Squares, SLS)以及渐近任意分布估计(Asymptotically Distribution-Free, ADF)。其中,SLS方法的拟合函数为:

$$F_{SLS} = \frac{1}{2}\text{tr}\left[D^{-1}(S-\Sigma)\right]^2$$

其中, $D = \text{diag}(S)$。

ADF方法的拟合函数为:

$$F_{ADF} = \left[(S-\Sigma)\right]'U^{-1}\left[(S-\Sigma)\right]$$

其中, $[U]_{ij,kl} = w_{ij,kl} - w_{ij}w_{kl}$, $w_{ij} = \frac{1}{N}\sum_{r=1}^{N}x_{ir}x_{jr}$, $w_{ij,kl} = \frac{1}{N}\sum_{r=1}^{N}x_{ir}x_{jr}x_{kr}x_{lr}$。

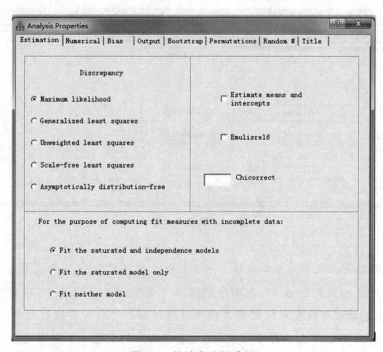

图5-2 估计方法的选择

第五章 模型参数估计与检验

本例使用最大似然估计。

如果想要输出更多的估计结果,在【Analysis Properties】界面中点击"Output"选项卡,如图5-3所示。勾选希望输出的结果,本例勾选"Standardized estimates"(标准化系数)、"Modification indices"(修正指数)以及"Tests for normality and outliers"(正态性检验和异常值检验)。

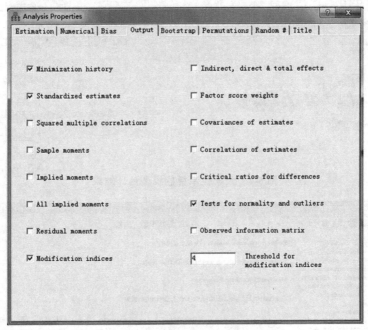

图5-3 选择输出结果

选择好估计方法和输出结果之后,在工具箱中点击▥,进行参数估计。AMOS主窗口中间的多功能窗口上部有两个并列的图标▥,左侧为模型的输入图,右侧为模型的输出图。在参数估计前,输入图图标为绿色的激活状态,输出图为灰色的未激活状态。参数估计之后,如果模型可识别,则输出图图标也变为激活状态▥,此时点击输出图图标,则可以看到模型输出图,在输出图中将显示参数估计值;如果模型不可识别,则输出图图标依然保持未激活状态。大学生幸福感模型的估计结果见图5-4。

在工具箱中点击▥,可以在【AMOS Output】界面中以文本方式查看模型估计结果,如图5-5所示。界面左侧是输出结果的目录,点击Estimates,

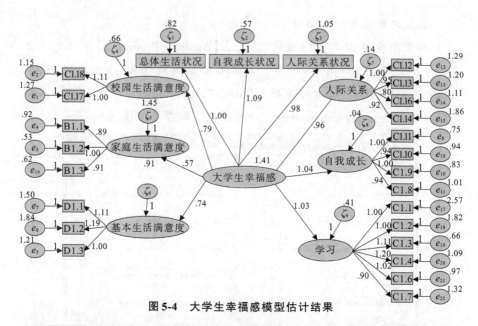

图 5-4 大学生幸福感模型估计结果

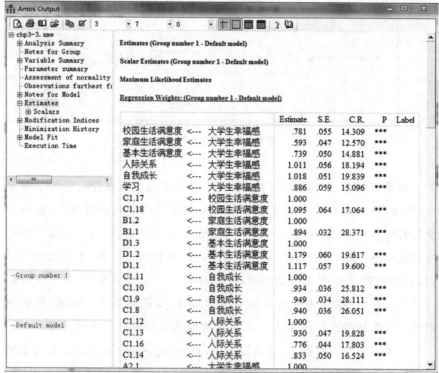

图 5-5 大学生幸福感模型估计结果

第五章 模型参数估计与检验

右侧窗口即显示参数估计结果和检验统计量。

大学生幸福感的参数估计结果及其检验见表5-1，标准化系数估计结果见表5-2。

表5-1 大学生幸福感参数估计结果

			Estimate	S.E.	C.R.	P
校园生活满意度	<---	大学生幸福感	.781	.055	14.309	***
家庭生活满意度	<---	大学生幸福感	.593	.047	12.570	***
基本生活满意度	<---	大学生幸福感	.739	.050	14.881	***
人际关系	<---	大学生幸福感	1.011	.056	18.194	***
自我成长	<---	大学生幸福感	1.018	.051	19.839	***
学习	<---	大学生幸福感	.886	.059	15.096	***
C1.17	<---	校园生活满意度	1.000			
C1.18	<---	校园生活满意度	1.095	.064	17.064	***
B1.2	<---	家庭生活满意度	1.000			
B1.1	<---	家庭生活满意度	.894	.032	28.371	***
D1.3	<---	基本生活满意度	1.000			
D1.2	<---	基本生活满意度	1.179	.060	19.617	***
D1.1	<---	基本生活满意度	1.117	.057	19.600	***
C1.11	<---	自我成长	1.000			
C1.10	<---	自我成长	.934	.036	25.812	***
C1.9	<---	自我成长	.949	.034	28.111	***
C1.8	<---	自我成长	.940	.036	26.051	***
C1.12	<---	人际关系	1.000			
C1.13	<---	人际关系	.930	.047	19.828	***
C1.16	<---	人际关系	.776	.044	17.803	***
C1.14	<---	人际关系	.833	.050	16.524	***
A2.1	<---	大学生幸福感	1.000			
A2.3	<---	大学生幸福感	1.026	.053	19.408	***
B1.3	<---	家庭生活满意度	.905	.030	30.288	***
A2.2	<---	大学生幸福感	1.059	.052	20.424	***

续表

		Estimate	S.E.	C.R.	P
C1.1	<--- 学习	1.000			
C1.2	<--- 学习	1.100	.063	17.482	***
C1.3	<--- 学习	1.128	.059	19.047	***
C1.4	<--- 学习	1.278	.066	19.451	***
C1.6	<--- 学习	1.107	.059	18.722	***
C1.7	<--- 学习	.970	.057	16.887	***

表 5-2 标准化系数

			Estimate
校园生活满意度	<---	大学生幸福感	.687
家庭生活满意度	<---	大学生幸福感	.488
基本生活满意度	<---	大学生幸福感	.663
人际关系	<---	大学生幸福感	.896
自我成长	<---	大学生幸福感	.851
学习	<---	大学生幸福感	.784
C1.17	<---	校园生活满意度	.753
C1.18	<---	校园生活满意度	.819
B1.2	<---	家庭生活满意度	.898
B1.1	<---	家庭生活满意度	.803
D1.3	<---	基本生活满意度	.768
D1.2	<---	基本生活满意度	.749
D1.1	<---	基本生活满意度	.748
C1.11	<---	自我成长	.830
C1.10	<---	自我成长	.779
C1.9	<---	自我成长	.829
C1.8	<---	自我成长	.784
C1.12	<---	人际关系	.728
C1.13	<---	人际关系	.736

第五章 模型参数估计与检验

续表

			Estimate
C1.16	<---	人际关系	.657
C1.14	<---	人际关系	.609
A2.1	<---	大学生幸福感	.705
A2.3	<---	大学生幸福感	.707
B1.3	<---	家庭生活满意度	.847
A2.2	<---	大学生幸福感	.745
C1.1	<---	学习	.614
C1.2	<---	学习	.729
C1.3	<---	学习	.824
C1.4	<---	学习	.852
C1.6	<---	学习	.803
C1.7	<---	学习	.695

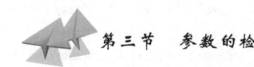

第三节 参数的检验

结构方程模型与其他统计模型一样,模型参数估计后,需要对模型进行检验和评价。

模型参数的检验主要是进行参数的合理性检验和参数的显著性检验,以评价参数的意义以及合理性。参数估计过程中所有待估计的参数均需进行检验。

一、参数的合理性检验

参数的合理性是指估计得到的参数有合理的实际意义。检验参数的合理性,就是检验参数估计值是否恰当。这一检验包括,参数的符号是否符合理论假设,如估计的方差、标准误差是否为正;因子之间是正的影响关系、而估计得出的参数为负;参数的取值范围是否合理,如没有互通的路径系数是否为零,相关系数是否在-1～1之间,标准化系数是否超过或太接近于1等;参数是否可以得到合理解释,如参数与假设模型的关系有无矛盾等。如果有不合理的,需要对模型进行修正。

[例5.2] 大学生幸福感模型参数合理性检验

分析:在[例5.1]对参数估计的过程中,模型没有考虑各可测变量误差项之间的相关性。

由表5-1和表5-2可以看到,所有的载荷系数都为正,符合理论假定,标准化系数没有超过或太接近于1的情况。表5-3给出潜变量的方差以及测量误差的方差估计,可以看到,所有的方差估计值都大于0。综上可以判断,大学生幸福感模型参数估计合理。

表5-3 方差估计

	Estimate	S.E.	C.R.	P
大学生幸福感	1.528	.133	11.458	***
ζ7	.384	.061	6.285	***
ζ4	1.044	.108	9.662	***
ζ5	1.723	.113	15.208	***
ζ6	1.063	.101	10.567	***
ζ8	.603	.060	10.108	***
ζ9	.751	.086	8.758	***
e5	1.317	.095	13.932	***
e8	.985	.063	15.664	***
e9	1.236	.072	17.245	***
e10	.898	.057	15.728	***
e11	1.210	.071	17.119	***
e12	1.728	.103	16.724	***
e13	1.424	.086	16.517	***
e14	1.540	.085	18.084	***
e15	2.285	.122	18.701	***
ζ3	1.615	.087	18.525	***

续表

	Estimate	S.E.	C.R.	P
ζ1	1.547	.083	18.545	***
ζ2	1.373	.076	17.953	***
e17	3.220	.165	19.552	***
e18	2.083	.113	18.486	***
e19	1.168	.071	16.456	***
e20	1.204	.078	15.392	***
e21	1.311	.077	17.076	***
e22	1.961	.104	18.885	***
e6	2.061	.140	14.703	***
e7	1.859	.126	14.739	***
e16	.733	.053	13.746	***
e3	.545	.055	9.938	***
e4	.998	.062	16.009	***
e1	1.507	.121	12.430	***
e2	1.165	.129	9.009	***

二、参数的显著性检验

结构方程模型的参数显著性检验,类似于回归模型中参数的显著性检验,即参数的 t 检验。对每一个估计的参数建立原假设:H_0,参数等于0。检验采用 t 统计量,它由参数的估计值除以相应的标准误差(或渐近标准误差)得到。检验标准与回归中 t 检验一样。一般来说,t 的绝对值大于2,拒绝 H_0,检验通过,表明参数显著不为0,则假设模型中对该参数进行自由估计是合理的;若不能拒绝 H_0,表明该参数与0没有显著差异,可以从模型中剔除,这时需要修正模型重新估计。

在结构方程模型中检验的参数是所有需要估计的参数。如在全模型中,8个矩阵 $\boldsymbol{B}$、$\boldsymbol{\Gamma}$、$\boldsymbol{\Lambda}y$、$\boldsymbol{\Lambda}x$、$\boldsymbol{\Phi}$、$\boldsymbol{\Psi}$、$\boldsymbol{\Theta}\varepsilon$、$\boldsymbol{\Theta}\delta$ 的所有元素都应进行显著性检验。

[例5.3] 大学生幸福感模型的参数显著性检验

分析:AMOS中参数显著性检验的统计量为C.R.值,其计算方法与t统计量一样,即参数估计值除以估计值的标准误差。由表5-1可以看到,所有因子载荷的C.R.值均远大于2,在该列右侧一列是参数可能为0的概率P。三个星号***表明为0的概率小于0.01,因此所有的载荷系数在0.01的显著性水平下显著不为零。由表5-3可以看到,所有方差的C.R.值均远大于2,因此所有的方差在0.01的显著性水平下显著大于0。由此可知,大学生幸福感模型的估计效果较好。

参数的显著性检验对模型所有估计的参数都要进行,若检验没有通过,一定要分析查找原因,以便于对模型进行合理修正。

# 第六章

模型评价

第八章

環境作用

第六章 模型评价

第一节 评价的基本依据

模型参数估计和检验后,还需要对模型拟合的效果进行评价。如果模型不能很好地拟合已有数据,用模型对实际问题加以说明和解释会有问题。

结构方程模型参数估计的基本出发点如式(6.1):

$$\Sigma = \Sigma(\theta) \tag{6.1}$$

式中,Σ是总体协方差阵,$\Sigma(\theta)$是假设模型隐含的总体协方差矩阵,θ代表待估计参数;若假设的模型正确,则$\Sigma=\Sigma(\theta)$,即$\Sigma-\Sigma(\theta)=0$。$\Sigma-\Sigma(\theta)$得到的残差矩阵,反映假设模型在多大程度上接近于真实模型。在大样本情况下,样本协方差阵S收敛于Σ,以样本协方差矩阵S替代Σ;以参数θ的估计值$\hat{\theta}$替代θ,即以$\Sigma(\hat{\theta})$替代$\Sigma(\theta)$,实际是评价$\Sigma(\hat{\theta})$与S的接近程度。

1. 样本残差的影响因素

残差矩阵$S-\Sigma(\hat{\theta})$是样本残差矩阵,衡量假设模型与真实模型的接近程度。S与$\Sigma(\hat{\theta})$的差值越小,表明假设模型与真实模型越接近,假设模型越合理,或说拟合效果越好。

影响样本残差的因素主要有下面三个。

(1)模型设定。假设模型与真实模型的差距较大,使得样本残差过大。

(2)样本容量。由于样本容量确定不合适,导致抽样误差过大。可以考虑增加一定数量的样本,减小误差。

(3)指标的测量单位。由于指标的测量单位不同,会导致样本残差计算结果不正确。为避免测量单位的影响,通常都将可测变量测量结果进行标准化处理。

注意,模型评价时,若为比较几个模型,则(2)、(3)影响不存在;若为独立评价某一个模型,则(2)、(3)需考虑。

2. 均方根残差

均方根残差(Root Mean-square Residual,RMR)是乔兹科(Joreskog)和索博(Sorbom)于1986年提出的。其利用样本残差计算,数值越小,表明模型拟合效果越好。

RMR的计算公式如式(6.2)。

$$\text{RMR} = \left[2 \sum_{i=1}^{q} \sum_{j=1}^{i} \frac{(S_{ij} - \hat{\sigma}_{ij})^2}{q(q+1)} \right]^{\frac{1}{2}} \tag{6.2}$$

式中各符号意义同前,q是可测变量的总个数,包括内生变量和外生变量。

由(6.2)式可知,该指标数值越小,表明样本残差越小,即假设模型与真实模型越接近。

3. 标准化残差

标准化残差(Normalized Residual,NR)是经过标准化处理后的残差,量纲为1,因而不受测量单位的影响。其计算公式如(6.3)式。

$$\text{NR} = \frac{S_{ij} - \hat{\sigma}_{ij}}{\left[(\hat{\sigma}_{ii} \hat{\sigma}_{jj} + \hat{\sigma}_{ij}^2)/N \right]^{\frac{1}{2}}} \tag{6.3}$$

式中各符号意义同前,N为观测的样本总量。

当标准化残差的绝对值不超过1.96时,可以认为总体残差接近于零。

4. 标准化残差均方根

标准化残差均方根(Standard Root Mean-square Residual,SRMR)是直接基于残差的绝对拟合指数,计算公式如(6.4)式。

$$\text{SRMR} = \left\{ 2 \sum_{i=1}^{p} \sum_{j=1}^{i} (S_{ij} - \hat{\sigma}_{ij})^2 / (S_{ii} - S_{jj}) / [q(q+1)] \right\}^{\frac{1}{2}} \tag{6.4}$$

式中,$S_{ij} - \hat{\sigma}_{ij}$是$x_i$与$x_j$协方差的样本残差;$S_{ii}$是$x_i$样本方差;$q$是可测变量数目,包括外生变量和内生变量。前面的RMR下限为零,但没有上限,不便于进行模型判断。SRMR利用相关矩阵进行分析,避免了测量单位的影响。其取值在0~1之间。模型拟合越好,SRMR越接近于0。一般认为,SRMR>0.08,模型拟合不好,SRMR<0.05,模型拟合效果可以接受。这一指标对误设模型较为敏感。使用时应注意,有时会受样本容量N的影响。

第六章 模型评价

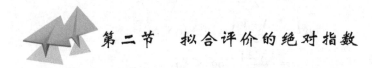

第二节 拟合评价的绝对指数

结构方程模型的整体评价,一般通过计算拟合指数完成。拟合指数是拟合优度(Goodness of Fit)统计量的简称。它是通过构造统计量,衡量 $S-\Sigma(\hat{\theta})$ 的差距,比较观察到的协方差与期望协方差之间的差异,评价和测量模型的绝对拟合程度。

1. χ^2 检验

模型整体评价的最基本指标是 χ^2 检验。对于所建立的假设

$$H_0: \Sigma = \Sigma(\theta)$$
$$H_1: \Sigma \neq \Sigma(\theta)$$

H_0 为真时,有

$$\chi^2 = (N-1)\min|F| \sim \chi^2\left(\frac{q}{2}(q+1) - k\right) \tag{6.5}$$

式中,N 是样本容量;$|F|$ 是模型拟合函数估计值,可以是 F_{ML} 或 F_{GLS};q 是可测变量的个数,包括外生和内生变量;k 为 θ 中包含的模型参数的数目,即自由参数的个数。

若观测数据的总体服从多元正态分布,并且模型定义正确,则统计量渐近服从自由度为 $\chi^2\left(\frac{q}{2}(q+1) - k\right)$ 的 χ^2 分布。一般来说,χ^2 值越小,S 与 $\Sigma(\hat{\theta})$ 的差异越小,表明模型拟合的效果越好。因而通常希望得到不显著的 χ^2 值,这种情况下,不能拒绝 H_0,即不能拒绝所定义的模型。若 p 是 H_0 为真的概率,当然希望 p 越大越好,一般至少大于 0.1 或 0.2。

由式(6.5)知,该检验受样本容量的影响,因为检验统计量是用样本数乘以 $|F|$。在容量很小时,几乎不拒绝所有拟合较差的模型;而容量很大时,又几乎拒绝所有拟合较优的模型。这一检验假定观测变量服从正态分布,构造似然函数的对数,有

$$\log L_0 = -\frac{N-1}{2}\left\{\log\left|\hat{\boldsymbol{\Sigma}}\right| + \operatorname{tr}\left(\hat{\boldsymbol{\Sigma}}^{-1}S\right)\right\}$$

$$\log L_1 = -\frac{N-1}{2}\left\{\log|S| + \operatorname{tr}(S^{-1}S)\right\}$$

$$= -\frac{N-1}{2}\{\log|S| + q\}$$

式中，$(S^{-1}S)$ 是单位阵；$\operatorname{tr}(S^{-1}S)$ 是单位阵 $(S^{-1}S)$ 的迹，为 q。得到似然比

$$-2\log\left(\frac{L_1}{L_0}\right) = -2(\log L_1 - \log L_0)$$

$$= (N-1)\mathrm{FML} \sim \chi^2\left(\frac{q}{2}(q+1) - k\right)$$

当可测变量不是正态时，χ^2 检验的结果不可靠。

该检验的适用条件如下。

（1）观测变量 X 不是尖峰。若 X 不服从正态分布，可以通过修正、转换，使 X 变为正态分布；若 X 无法转换为正态分布，可以采用其他统计量。

（2）协方差阵可计算。

（3）样本量适当。由于 χ^2 受样本容量大小的影响，较适合的样本容量为 100～200。

（4）在 $H_0:\boldsymbol{\Sigma}=\boldsymbol{\Sigma}(\theta)$ 下运用。

增加自由参数，会减小 χ^2 值，提高模型的拟合程度，但同时自由度也会较小。在比较两个嵌套模型时，不适宜仅用 χ^2 值，而用 χ^2/df 比较。其仍服从 χ^2 分布，检验方法同前。

2. 近似误差均方根

近似误差均方根 RMSEA(Root Mean Square Error of Approximation) 是一种不需要有底线的测量模型拟合程度的绝对指数。其计算如式(6.6)。

$$\mathrm{RMSEA} = (\hat{F}_0/\mathrm{df})^{\frac{1}{2}} \tag{6.6}$$

式中

$$\hat{F}_0 = \max\{(\hat{F}-\mathrm{df})/(N-1), 0\}$$

$\hat{F}$ 为模型拟合函数估计值，通常取 χ^2；$(\hat{F}-\mathrm{df})$ 为离中参数；df 为自由度；N 为样本容量。

一般来说，RMSEA 低于 0.05，表明模型与数据拟合很好，理论模型可

以接受;在0.05~0.08之间,可以认为拟合不错;在0.08~0.10之间,则认为拟合一般;若大于0.10,模型拟合效果不能接受;如果低于0.01,模型拟合非常好。由式(6.6)可以看出,RMSEA受样本容量N的影响较小。它对错误模型比较敏感,同时惩罚复杂模型,是一个较为理想的用于模型评价的绝对拟合指数,也可用于多个模型的比较筛选。

第三节 拟合评价的相对指数

对结构方程模型整体拟合程度的评价,还可以通过计算相对拟合指数完成。

1. 相对拟合指数构造的基本思想

结构方程模型在理论构建时,可以有几种类型:饱和模型、不饱和模型和独立模型。饱和模型是恰好识别的模型,是拟合最好的模型。不饱和模型是从饱和模型中删除若干路径得到的模型,从模型中删除哪条路径,往往参考路径系数的显著性,一般来说,不显著的可以考虑将其删除。独立模型是所有指标都假设不相关的模型,拟合独立模型得到的χ^2值比其他任何模型都大。

最开始构建的模型,称为假设(理论)模型,亦称定义模型或初始模型。若假设模型比独立模型拟合得好,则其χ^2值应减小,通过将假设模型与独立模型或基准模型χ^2值的比较得到的统计量,就是相对拟合指数,可以用于评价模型优劣。

2. 标准拟合指数

标准拟合指数(Normed Fit Index, NFI)的计算公式如(6.7)式。

$$\text{NFI} = \frac{\chi_L^2 - \chi_M^2}{\chi_L^2} \tag{6.7}$$

式中,χ_L^2是独立模型或基准模型χ^2值,χ_M^2是假设模型χ^2值。

NFI表示假设模型与独立模型或基准模型相比所减少的χ^2值比率。显然,减少得越多,表明假设模型相对于独立模型或基准模型能够更好地拟合数据;反之,则表明假设模型与独立模型或基准模型在拟合数据上没有太大差别,假设模型没有必要采用。

NFI=0,表示假设模型拟合与独立模型或基准模型相同;NFI=0.96,表示假设模型的拟合接近饱和模型,拟合效果不错。但NFI受样本容量的影响较大,故不是很理想的评价指数。

3. 非标准化拟合指数

非标准化拟合指数(Non-Normed Fit Index,NNFI)亦称塔克尔–勒威斯指数(Tucker-Lewis Index,TLI)。其计算公式如(6.8)式。

$$\text{NNFI} = \frac{\chi_L^2 - \left(\dfrac{\mathrm{df}_L}{\mathrm{df}_M} \cdot \chi_M^2\right)}{\chi_L^2 - \mathrm{df}_L} \tag{6.8}$$

式中,χ_L^2是独立模型或基准模型χ^2值;χ_M^2是假设模型χ^2值;df_M是假设模型自由度;df_L是独立模型或基准模型自由度;NNFI>0.9,模型拟合较好,可以适用于嵌套模型。

4. 比较拟合指数

比较拟合指数(Comparative Fit Index,CFI)由本特勒(Bentler)于1990年提出,其计算公式如(6.9)式。

$$\text{CFI} = 1 - \left(\frac{\tau_M}{\tau_L}\right) \tag{6.9}$$

式中,$\tau_M = \max\{\chi_M^2 - \mathrm{df}_M, 0\}$;$\tau_L = \max\{(\chi_L^2 - \mathrm{df}_L), 0\}$。

CFI通过规范,使得最低值为0,最高值为1,因此,其在0~1之间取值。CFI>0.9,模型拟合较好。该指数的不足是没有惩罚复杂模型。

常用的拟合指数如表6-1所示。

表6-1 常用拟合指数说明表

拟合指数	判定标准	数据非正态时能否很好估计	处理不同大小样本时是否稳定	评估模型的简约性	说　明
卡方统计量(χ^2)	$p>0.05$	否	否	否	多组模型比较时特别有用,如嵌套模式,等同模式

续表

拟合指数	判定标准	数据非正态时能否很好估计	处理不同大小样本时是否稳定	评估模型的简约性	说　明
调整卡方 (χ^2/df)	一般要求介于1~2之间	否	否	否	多组模型比较时特别有用,如嵌套模式、等同模式
近似误差均方根 RMSEA	<0.08 <0.05	不清楚	否	是	测量模型的绝对拟合,对参数多的模型加以惩罚
标准拟合指数（NFI）	>0.90 >0.95为好	一般低估	是	否	不同模型评价时精确稳定,比较嵌套模式特别有用
非标准化拟合指数［NNFI(TLI)］	>0.90 >0.95	一般低估	不清楚	否	用最大似然估计评价较好,最小二乘较差,可以比较嵌套模型
比较拟合指数(CFI)	>0.9	一般低估	不清楚	否	用最大似然估计时评价较好,最小二乘较差,可以比较嵌套模型

评价模型时,应多个拟合指数结合应用。

5. 信息指数

信息指数中最常用的有 AIC、SC、BIC 等。AIC 的计算如式(6.10),SC 的计算如式(6.11),BIC 的计算如式(6.12)。

$$\text{AIC} = \chi^2 + 2K \tag{6.10}$$

$$\text{SC} = \hat{F} + K\frac{\ln N}{N} \tag{6.11}$$

$$\text{BIC} = \chi^2 + K\ln\left\{N\left(\frac{q}{2}(q+1)\right)\right\} \tag{6.12}$$

其中,$\hat{F}$ 是参数估计时拟合函数的估计值;χ^2 是$(N-1)\hat{F}$;N 是样本容量;q 是可测变量个数,包括内生变量和外生变量;K是模型的自由参数个数。

AIC(Akaike Information Criterion,阿凯克信息准则)是用于比较不同模型拟合数据效果的一种信息指数。其数值越小,表明模型拟合效果越好。SC(Schwart Criterion,赤池信息准则)和BIC(Bayesian Information Criterion,贝叶斯信息准则)与AIC一样,依赖于样本容量,用于在多个模型中找出参数估计比较稳定的模型。

比较式(6.10)和式(6.11)可以看出,SC比AIC更加关注对模型的简约,即对加入过多的参数进行惩罚。通常在利用信息指数时,都希望选AIC、SC最小的模型,但往往两个指标的结果并不一致,N较大时,SC比AIC对参数增加的惩罚力度要大。因此,除了利用信息指数提供的信息外,还要关注模型的解释。

[例6.1] 大学生幸福感模型的拟合评价

分析:在"Analysis Properties"的"Output"选项中勾选"Modification Indices",则输出结果目录中会出现"Model Fit",见图6-1。点击"Model Fit",右侧窗口中会列出各类拟合评价指标,包括CMIN、RMR和GFI、Baseline Comparisons、Parsimony-Adjusted Measures、NCP、FMIN、RMSEA、AIC、ECVI和HOELTER等。也可以点击"Model Fit"的下一级目

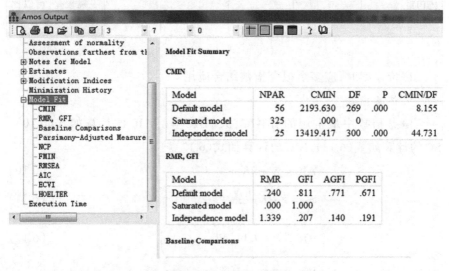

图6-1 拟合指标窗口

录,分类查看拟合指标。

下面就一些拟合指标进行说明。

(1) CMIN 即为卡方统计量(χ^2),如果 CMIN 伴随的 P 值大于给定的显著性水平,则说明模型的拟合效果好。由于卡方统计量容易受到样本容量的影响,因此即使模型的拟合效果好,也容易出现 P 值很小的情况。另一个拟合指标是 CMIN/DF 即调整卡方,其中,DF 为模型的自由度(与前文用 df 表示自由度同意,此处与软件保持一致),经验准则是该指标应在 2 以下或者 5 以下。

(2) GFI 是拟合优度指数(Goodness of Fit Index),计算公式为:$\text{GFI} = 1 - \hat{F}/\hat{F}_b$,其中 $\hat{F}$ 是拟合函数,$\hat{F}_b$ 是在 $\Sigma=0$ 的条件下得到的拟合函数值。该指数的取值范围在 0~1 之间,通常认为大于 0.9 表明模型拟合效果良好。AGFI 和 PGFI 都是考虑模型自由度对 GFI 的修正,$\text{AGFI} = 1 - (1 - \text{GFI})d_b/d$,$\text{PGFI} = \text{GFI} \cdot d/d_b$,其中,$d$ 为研究者估计模型的自由度,d_b 为独立模型的自由度。通常也要求 AGFI 和 PGFI 大于 0.9。

(3) RFI 是相对拟合指数(Relative Fit Index),计算公式为:
$$\text{RFI} = 1 - \frac{\hat{F}/d}{\hat{F}_b/d_b}。$$

IFI 是增量拟合指数(Incremental Fit Index),计算公式为:
$$\text{IFI} = 1 - \frac{\hat{F}_b - \hat{F}}{\hat{F}_b - d/N},$$

其中,N 为样本容量。这两个指数都是越接近 1 越好。

(4) PRATIO 是简约比率(Parsimony Ratio),计算方法是用估计模型的自由度除以独立模型的自由度,用该比率乘以 NFI 得到 PNFI,乘以 CFI 得到 PCFI。PNFI 和 PCFI 都是越大越好。

(5) NCP 是非中心参数(Noncentrality Parameter),计算方法是:$\text{NCP} = \max(\hat{C} - d, 0)$,此处 $\hat{C}$ 是卡方统计量的估计值。NCP 越接近于 0,模型的拟合效果越好。AMOS 还给出 NCP 的 90% 置信度的置信区间。

(6) FMIN 是拟合函数的值,越小越好。F_0 等于 NCP 与样本容量之比,F_0 越接近于 0,模型的拟合效果越好,AMOS 还给出 F_0 的 90% 置信度的置信区间。

（7）AMOS给出RMSEA及其90%置信度的置信区间。

（8）在信息指数部分，在AIC和BIC之外，AMOS还给出BCC和CAIC两个指数。其计算公式分别为：

$$BCC = NF + 2q\frac{\sum_{g=1}^{G} b^{(g)} \frac{p^{(g)}(p^{(g)}+3)}{N^{(g)}-p^{(g)}-2}}{\sum_{g=1}^{G} p^{(g)}(p^{(g)}+3)}$$

$$CAIC = N\hat{F} + q(\ln N + 1)$$

其中，G为区组数，$N^{(g)}$为第g组的样本容量，$b^{(g)} = N(g)-1$，q为参数个数。CAIC只用于单一区组数据。BCC引入的惩罚比AIC重，CAIC的惩罚比AIC和BCC重，但是比BIC轻。

（9）ECVI等于AIC除以n，MECVI等于BCC除以n，其中，$n = N - r$，$r = G$。AMOS还给出ECVI 90%置信度的置信区间。这两个指数都是越小越好。

（10）Hoelter是指Hoelter's"critical N"，即能够接受"模型正确"假定所需要的样本容量。AMOS给出在0.05和0.01两个显著性水平下的样本容量。

在输出的拟合指标中，AMOS不提供标准化残差均方根（Standard Meansquare Residual，SRMR），计算SRMR需要进行如下操作：估计模型之后，依次点击"Plugins → Standardized RMR"，弹出【Standardized RMR】对话框，如图6-2所示。不要关闭该窗口，再次估计模型，然后对话框中将会出现SRMR的数值。

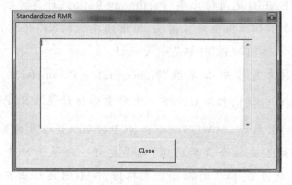

图6-2　Standardized RMR对话框

大学生幸福感模型的主要拟合指标见表6-2,表中的Default model表示研究者拟合的模型,Saturated model表示饱和模型,其拟合效果最好,Independence model表示独立模型,其拟合效果最差。

由表6-2可以看到,大学生幸福感的各项拟合指标明显好于独立模型,但是包括GFI、AGFI、NFI、RFI、CFI等在内的拟合优度指标都没有达到0.9,RMSEA大于0.08,NCP远大于0。计算SRMR,为0.0706,大于0.05。综合这些拟合指标可知,该模型的拟合效果不够理想,需要进一步修正。

表6-2 大学生幸福感模型的拟合指标

CMIN

Model	NPAR	CMIN	DF	P	CMIN/DF
Default model	56	2193.630	269	.000	8.155
Saturated model	325	.000	0		
Independence model	25	13419.417	300	.000	44.731

RMR, GFI

Model	RMR	GFI	AGFI	PGFI
Default model	.240	.811	.771	.671
Saturated model	.000	1.000		
Independence model	1.339	.207	.140	.191

Baseline Comparisons

Model	NFI Delta1	RFI rho1	IFI Delta2	TLI rho2	CFI
Default model	.837	.818	.854	.836	.853
Saturated model	1.000		1.000		1.000
Independence model	.000	.000	.000	.000	.000

Parsimony-Adjusted Measures

Model	PRATIO	PNFI	PCFI
Default model	.897	.750	.765
Saturated model	.000	.000	.000
Independence model	1.000	.000	.000

续表

NCP

Model	NCP	LO 90	HI 90
Default model	1924.630	1779.008	2077.665
Saturated model	.000	.000	.000
Independence model	13119.417	12743.636	13501.523

FMIN

Model	FMIN	F0	LO 90	HI 90
Default model	2.545	2.233	2.064	2.410
Saturated model	.000	.000	.000	.000
Independence model	15.568	15.220	14.784	15.663

RMSEA

Model	RMSEA	LO 90	HI 90	PCLOSE
Default model	.091	.088	.095	.000
Independence model	.225	.222	.228	.000

AIC

Model	AIC	BCC	BIC	CAIC
Default model	2305.630	2309.114	2572.213	2628.213
Saturated model	650.000	670.215	2197.135	2522.135
Independence model	13469.417	13470.972	13588.427	13613.427

ECVI

Model	ECVI	LO 90	HI 90	MECVI
Default model	2.675	2.506	2.852	2.679
Saturated model	.754	.754	.754	.778
Independence model	15.626	15.190	16.069	15.628

HOELTER

Model	HOELTER.05	HOELTER.01
Default model	122	129
Independence model	22	24

第六章　模型评价

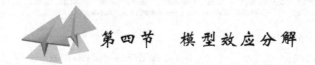

第四节　模型效应分解

结构方程模型是否具有解释力,可以通过效应分解加以印证。效应分为直接效应和间接效应:一个潜变量对另一个潜变量的直接影响称为直接效应,一个潜变量通过其他变量对另一个潜变量的影响称为间接效应。事实上,即使一个模型拟合了数据,也不意味着模型一定就好。模型是否合理还取决于所有的参数估计是否都能得到合理的解释、是否在合理的取值范围内,特别是模型应能从理论上加以合理解释。效应分解的计算公式如表6-3所示。

表6-3　效应分解计算表

	$\xi \to \eta$	$\eta \to \eta$
直接效应	$\boldsymbol{\Gamma}$	$\boldsymbol{B}$
间接效应	$(1-B)^{-1}\boldsymbol{\Gamma} - \boldsymbol{\Gamma}$	$(1-B)^{-1} - I - B$
总效应	$(1-B)^{-1}\boldsymbol{\Gamma}$	$(1-B)^{-1} - I$

[例6.2] 大学生幸福感模型的效应分解

分析:在"Analysis Properties"中勾选"Indirect, direct & total effects",如图6-3所示。

估计模型,在输出结果目录点击"Estimates",打开其下级目录"Matrices",即可在右侧窗口看到效应分解的结果,包括直接效应和间接效应,每种效应都有非标准化估计结果和标准化估计结果,如图6-4所示。

大学生幸福感模型是一个二阶因子模型,只存在二阶因子(大学生幸福感)对6个一阶因子的直接效应,不存在任何间接效应。效应分解结果见表6-4。可以看到,大学生幸福感对人际关系和自我成长的效应较大,对家庭生活满意度的效应最小。

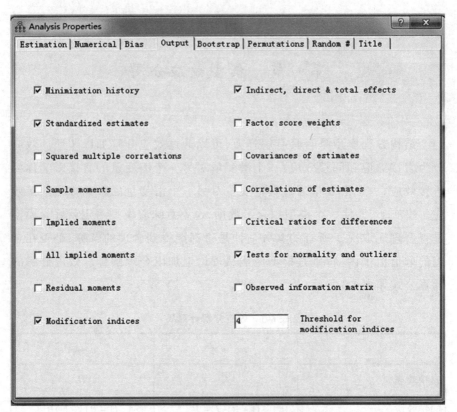

图 6-3 效应分解选项

图 6-4 估计结果

表6-4 大学生幸福感效应分解

	学习	人际关系	自我成长	基本生活满意度	家庭生活满意度	校园生活满意度
大学生幸福感	0.886	1.011	1.018	0.739	0.593	0.781

第七章

模型修正

第七章 模型修正

第一节 模型修正的意义

一、模型修正的意义

1. 模型类型

结构方程模型在实际应用中主要有三大类模型:零模型、饱和模型和假设的理论模型。零模型即独立模型,是限制最多的模型,其各个变量间的相关性限制为零。饱和模型是对参数间关系最无限制的模型,各个变量间都假设相关或者有因果关系。理论模型即根据实际意义设定的模型,亦是假设模型,其模型的限制条件介于零模型和饱和模型之间。如研究学生理科能力的影响因素,考虑用数学、物理和化学的成绩反映。图 7-1、图 7-2 和图 7-3 分别为零模型、饱和模型和假设模型的示意图。表 7-1 是三类模型在参数、自由度、拟合、卡方值方面的比较。

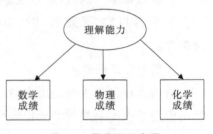

图 7-1 零模型示意图

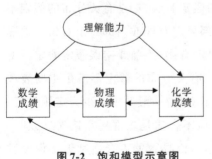

图 7-2 饱和模型示意图

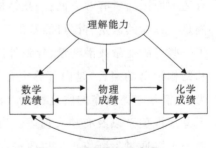

图 7-3 假设模型示意图

表 7-1　三类模型在参数、拟合等方面的比较

项　目	比　较		
	零模型	假设模型	饱和模型
参数的限制	最多	居中	最少
自由参数的个数	最少	居中	最多
自由度	最大	居中	最小
对数据拟合程度($S-\Sigma$)	最差	居中	最高
χ^2值	最大	居中	最小

相对而言,零模型限制最多,因为各个可测变量以及潜变量之间的相关系数固定为零,所要估计的参数最少,模型的自由度最大,与数据拟合程度最低,即 S 与 Σ 的差异最大,其卡方值也最大。饱和模型限制最少,要估计的参数最多,包括所有潜变量之间的相关系数,自由度最小,与数据拟合最高,S 与 Σ 差异最小,卡方值也最小。假设模型介于零模型和饱和模型之间。

2. 模型修正的作用

结构方程模型主要是用来估计潜变量之间的关系,并用来验证所假设的模型是否与所提供的数据吻合。无论其应用属于哪种类型,纯验证型、替代型或竞争型,还是模型发展型,在进行评价后,都可能会发现假设模型并不合适,因而会面临假设模型是否需要修正的问题。导致模型不合适的原因通常有两方面:一是结构的假定有误,二是有关分布的假定不满足。结构的假定有误可能是由于外部界定有误或内部界定有误。遗漏了一些可测变量或潜变量,导致外部界定有误;遗漏或错误假定测定模型和结构模型的路径,是内部界定有误。有关分布的假定不满足主要表现为:不满足正态分布的假定;测量尺度不满足,一般要求至少为定距尺度;不是线性关系以及有缺失值等。当模型不合适是内部界定错误导致时,模型可以通过不断修正加以改进;其他原因导致的不合适则无法仅通过修正对模型改进,而需根据具体原因采取相应措施改进。本章讨论的模型修正,是基于已有的数据,探讨假设模型是否需要修正,如果需要并且可以修正,应该在哪些方面修正以及如何修正?

第七章 模型修正

通过模型修正的过程,可以发现数据采集中的问题,特别是量表设计的问题。模型修正的意义在于用所获得的数据考察依据相关理论提出的初始假设模型。如果假设模型偏离数据所揭示的情况,则需要根据数据所反映的情况对初始模型进行修正,不断重复这个过程,直至得到一个与数据拟合较好而同时模型总体的实际意义、模型变量之间的实际意义和所得的参数都有合理解释的模型为止。主要参考的标准有以下几方面。

（1）结构方程模型所得的结果是适当的。主要是模型总的拟合指标较好,各个参数的值和相关性等处在合理的范围之内,没有出现某个方差的值为负的现象,同时所提供的数据并不否决该模型等。

（2）所得的模型总体的实际意义、模型变量之间的实际意义和所得的参数与实际的假设的关系是合理的。可能一开始对某些变量之间的关系没有充分认识或者不太确认,用实际数据进行验证时,会证实或者否决开始所假定的关系,修正后的模型不能与开始根据实际意义所能够确认的关系相违背或者有矛盾。

（3）参考多个不同的整体拟合指数,如 TLI、RMSEA 和卡方值等进行判断是否符合所要求的判定的标准。

二、模型修正的基本原则

模型修正的整个过程,主要涉及省俭原则和等同模式。

1. 省俭原则

省俭原则(Principle of Parsimony)是指当两个模型同样拟合数据时,即拟合程度相差不大的情况下,应取两个模型中较简单的模型。假设测量一个班30人的数学、物理和化学的考试成绩,可能提出两个假设模型,模型甲和模型乙。在模型甲中认为数学、物理和化学的综合能力可以通过一个潜变量理科能力揭示;在模型乙中数学成绩是数学能力这个潜变量的可测变量,物理和化学成绩两个可测变量测量理科能力这个潜变量,且数学能力又是理科能力的影响因素。从模型的结构看,模型甲要比模型乙简洁,因为仅仅需要估计3个因子载荷,即数学、物理和化学作为理科能力的因子载荷;而模型乙不仅需要估计3个因子载荷,还要估计数学能力对理科能力的路径系数。

由于对实际问题的认识不同,会出现不同的假设模型。当两个模型采用的数据相同,即样本协方差阵相同时,若模型甲和模型乙的拟合程度接近,模型修正所得到的标准基本相同,可以认为模型甲是一个更可取的模型。因为采用一个潜变量(理科能力)的简单模型,已经能够解释各个变量之间的关系且符合实际意义和开始的假设,从省俭的角度应该采用模型甲。

需要说明的是,应用省俭原则的前提是两个模型修正后所得到的拟合指数相近,如果不相近,或者差距很大,应该采用对数据拟合更好的模型,而暂且不考虑模型的简洁性。最终采用的模型应是用较少参数但符合实际意义,且能较好拟合数据的模型。

2. 等同模式

等同模式(Egual Model)指采用其他方法表示各个潜变量之间的关系,也能得出基本相同的结果。如假设有一个样本数据集合,A、B、C、D 4个模型都和原始数据的拟合程度相同,并且这4个模型所包含的待估计参数也是相同的,就称作 A、B、C、D 这4个模型是等同模式,简单概括为,参数个数相同、拟合程度相同的模型是等同模式。

等同模式已经有一些研究成果。如有研究者分析过一个极简单的仅包含三个潜变量的模型就有15个等同模式;也有研究者指出,一般的等同模式在其他的统计方法中也出现过。例如,在一个简单的回归分析中,用变量 A 预测 B,得到拟合指标 R^2;如果用 B 预测 A,也得到相同的拟合指标 R^2。拟合指标相同,哪个模型更可取,仅仅从统计中得不出结果,需要从变量的实际意义进行分析。有人也分析过如何对待和处理等同模式。目前的研究更多是从学术角度进行分析,不具有操作性。有兴趣的读者,可以关注该方面的研究成果。

处理等同模式主要可以采用两种方法:实际意义和多次验证。

(1)实际意义是选择模型的重要基础和出发点。在逐个分析模型时,应该首先从实际意义判断模型的合理性。比如在关于学生成绩的研究中,性别、家庭的经济收入、父母的学历、家庭的和睦程度等相关,如果有家庭住房条件加入,就需要从常理和实际意义考虑,家庭住房可能没有家庭收入更能反映家庭经济状况。一个拟合再好,但没有实际意义,无法对现象作出很好解释的模型是没有用的。

（2）多次验证，可以搜集这个群体的多个时间段的数据，重新作模型进行验证，判断哪个是最合适的；也可以开始采集足够多的观测数据，将数据集分为两个或多个样本，用一部分数据建模，再用另一部分的数据验证得到模型的适合性，也就是交互验证。

三、模型修正的流程

模型修正是试图寻找最佳模型或说最适合数据结构关系的模型。在开始寻找最佳模型时，首先应该作一零模型的卡方检验，看看是否可能存在最适合模式：以各个模型中最小的卡方值，即以最大的自由度作测试。若零模型不能满足数据拟合的要求，则在这种模型中，不能找到一个拟合好的模型，需考虑另外的模型，比如增加或减少可测变量或潜变量等，或寻求更新的实际含义支持的其他模型。

进行上述检验后，需要找出最适合的模型，设开始假设的模型为M1，如果M1所得到的拟合指数不符合模型最优判断的标准，则需要进行模型修正，修正的具体操作方法见本章第二节。假设通过修正后得到M2，如果M2比M1卡方值要小，且M2与M1的卡方值差异显著，则认为修正后M2比M1要好，否则就保留M1，重新对M1进行修正。

重复进行上一过程，直到所得出模型的拟合指数符合模型最优判断标准，模型修正结束。选择最后修正的模型作为所采用的模型。

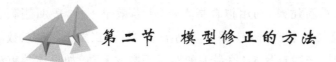

第二节　模型修正的方法

一、模型修正的依据

模型修正有两个方向：一是向模型简约方向修正，即删除或限制一些路径，使模型变得更简洁；二是向模型扩展方向修正，即放松一些路径的限制，提高模型的拟合程度。显然，两者不能同时兼顾，但无论怎样修正，其最终目的都是获得一个既简约又符合实际意义的模型。按这两个方向修正，主要依据修正指数（Modification Index，MI）和临界比率（Critical Ratio，CR）的大小变化进行调整。

1. 修正指数

利用 MI 修正模型，是朝模型扩展方向进行修正。

在模型评价时，引入 χ^2 值作为评价指标，在所有能够建立的模型中，独立模型的 χ^2 值最大。当模型对数据拟合效果提高，χ^2 值就会减小。模型对数据拟合越好，χ^2 值就越小。如以独立模型为基准模型，定义模型即假设模型将原固定为 1 的参数，恢复为自由参数时，定义模型比独立模型拟合效果好，χ^2 值应减小。因此，可以利用 χ^2 值的变化来修正模型。修正指数即两个模型 χ^2 值之差，计算公式如式（7.1）。

$$\mathrm{MI} = \chi_I^2 - \chi_M^2 \tag{7.1}$$

式中，χ_I^2 是独立模型或基准模型 χ^2 值；χ_M^2 是假设模型（定义模型）χ^2 值。

MI 反映的是一个固定或限制参数被恢复为自由时，χ^2 值可能减少的最小的量。一般认为模型修正后，MI 变化很小，修正没有意义。由于 χ^2 值遵从 χ^2 分布，在显著性水平 $\alpha=0.05$ 时，临界值为 3.84，因而，通常认为 MI>4，对模型的修正才有意义。

利用 MI 进行模型修正，是通过放松对变量间关系的约束，使得修正后模型的 χ^2 值与原模型相比大大减少。如在两个变量之间增加设定相关变量，或每一组变量间加一个相关变量，或将直接作用变换为间接作用等。增加路径，寻找 MI 最大值，若增加某一路径的实际意义不明确，可以删除。删除后，重新建模，利用拟合指数评价，若效果不错，表明删除合理。变量间的路径关系或相关关系都可增加或删除。当多个路径系数的 MI 值都大于 4 时，一般选择 MI 值最大的路径系数先释放，如果该约束放松，实际不合理时，可以选择次之的路径。实际应用时需要考虑放松此参数是否有理论基础，即是否能从实际意义上加以说明。有研究者指出，在有合理解释下潜变量之间的相关，可以允许自由估计其参数值，但是对于指标或变量间的误差项相关，除有特殊理由，如其指标或变量间可能存在实际有意义的经济关系，一般不要随便设其误差项间具有相关性。对数值最大的修正指数，如果没有对变量间放松的合理解释时，只能跳过这个

第七章　模型修正

参数,改为考虑第二大数值的参数修正,再审查放松限制的合理性,依此类推,直至得到一个合理的模型。如果是比较几个已知模型,则不需考虑修正指数,直接比较模型的拟合指数就可以作出判断和选择。

2. 临界比率

利用 CR 修正模型,是朝着模型简约方面进行修正。MI 修正是利用释放参数,考察使 χ^2 值减少的程度作出判断。但释放参数的同时,自由度也减小,换句话说,如果将原来自由的参数加以限定或固定,则有较多的自由度,但 χ^2 值也较大。因此,简化模型增加了自由度,χ^2 值也加大,即拟合程度降低。为了考察简化模型的效果,当然希望简化的结果使得自由度增加的同时 χ^2 值不要上升太多,即通过限定参数,大大增加自由度而增加很小的 χ^2 值。

CR 是 χ^2 值与自由度的比值,计算公式如式(7.2)。

$$CR = \frac{\chi^2}{df} \qquad (7.2)$$

从式(7.2)可以看出,CR 是通过自由度 df 调整 χ^2 值,以供选择参数不是过多,又能满足一定拟合程度的模型。模型修正时,通过限定参数,大大增加自由度而增加很小的 χ^2 值,若将限定参数后的模型记为简单模型,原模型为复杂模型,考察参数限定是否合理,利用两个模型 χ^2 值之差,除以两个 χ^2 值自由度之差,生成新的 CR 值。如果其 χ^2 检验显著,即概率 p 小于 0.05 或 0.01,则表明参数限定不合适,复杂模型较好;若 CR 值不显著,表明两模型拟合效果差不多,参数限定合适,可取简单模型。模型修正时,观察寻找 CR 最小者。若临界比率是对单个参数调整进行的计算,修正时可以考虑将其设为 0;若临界比率是对两个变量之间路径关系进行调整得到的结果,修正时可以设定为相等。

二、模型修正的内容

模型修正主要基于已有数据对模型进行调整,通常可以考虑从测量模型与结构模型两个方面着手。

1. 测量模型修正

测量模型的修正,涉及参数 Λx、Λy、Φ、$\Theta\varepsilon$、$\Theta\delta$ 的变动。在参数检验

时有问题,如参数取值不合理(不恰当)、参数显著性检验未通过,或由于参数设置不合适,导致模型整体拟合效果不好,可以考虑对参数进行修正。修正的内容通常是改变相应的矩阵。

(1) 添加或删除因子载荷

这一修正是改变矩阵 Λx、Λy,即对可测变量与潜变量之间关系进行修正。如 Λy 中有些参数的显著性检验未通过,在 AMOS 中,参数估计结果,对每一个可测变量的系数都有类似于线性回归中参数显著性检验的 t 值,以 CR 值显示,同时给出原假设系数为零成立的概率 p。若以 5%显著性水平检验,p 值很大,如大于 0.05,则该系数为 0 的概率 p 较大,表明引入可测变量与潜变量的这个关系不合适,似应限定它们之间关系为 0,则矩阵中与其相应的元素被修改为零。类似地,还可以对原限定为 1 的参数修改为需要估计的自由参数等。

(2) 添加或删除因子之间的协方差

这一修正是改变矩阵 Φ,即对潜变量之间是否相关做的调整。如初始设定 ξ_1 与 ξ_3 之间存在相关关系,则 Φ 中含有 Φ_{13} 这一元素,但参数估计后,Φ_{13} 的取值与实际不符,这可能是初始设置不合理造成的,可以考虑将 Φ 中 Φ_{13} 这一元素修改为零。

(3) 添加或删除测量误差的协方差

这一修正是改变矩阵 $\Theta\varepsilon$、$\Theta\delta$,即分别对外生和内生可测变量误差项之间是否相关进行调整。如初始设定内生可测变量 y_1 与 y_3 的误差项 ε_1 与 ε_3 相关,则 $\Theta\varepsilon$ 不是对角阵,在第一行第三列或第三行第一列的位置,有 ε_1 与 ε_3 的协方差。若参数估计后发现该协方差值为负,显然不合理,可以考虑该协方差为 0,则矩阵 $\Theta\varepsilon$ 中相应位置的元素被修正为 0。一般来说,在选择可测变量时,应尽量避免同一潜变量的不同可测变量之间相关。

2. 结构模型修正

结构模型修正涉及参数 B、Γ 和 Ψ,主要是增减潜变量数目、改变潜变量之间路径关系或模型残差项之间关系。

(1) 增加或减少潜变量数目

这一修正是改变系数阵 B 或 Γ 的行数或列数。如果变动矩阵 B 的行数,相当于增加或减少内生潜变量的数目,即增加或减少方程个数;如果变动矩阵 Γ 的列数,相当于增加或减少外生潜变量数目,这一修正通常是在内生潜变量不变的情况下进行的调整。

(2) 添加或删减路径系数

这一修正是在内生、外生潜变量数目不变的条件下,对矩阵 B 或(和) Γ 中的待估计元素所做的调整,即变动潜变量之间的路径关系。如某个路径系数的检验有问题,可以考虑删减该路径;模型拟合程度较低,而其他修正已无明显效果,可以考虑是否原设定无路径关系的潜变量之间应添加路径关系等。变动矩阵 B 是添加或删减内生潜变量之间的路径系数,变动矩阵 Γ 是添加或删减内生潜变量与外生潜变量之间的路径系数。这一修正借助 MI,CR 可以较为有效地完成。

(3) 添加或删除残差项的协方差

这一修正是在内生、外生潜变量数目以及相互间路径关系不变的情况下,对矩阵 Ψ 中非对角线上元素所做的调整,即变动残差项之间的关系。如某两个残差项的协方差估计值为负,或显著性检验未通过,表明设定二者之间有相关不合理,或之间的相关与零有显著差异,则该项关系应被删除,即 Ψ 中相应位置的元素应为零。

模型修正可以通过对自由参数的设定,潜变量数目的增减等进行。修正过程主要依据修正指数(MI)、临界比率(CR)的变化,同时也参考各种拟合指数、方程的测定系数等指标,保证最后的模型既简约,又能通过各种检验,特别是能够对现象做出合理解释。

结构方程模型应用时,要注意以下问题。①要了解数据与模型吻合的意义,当数据与模型吻合时,只表示数据并不否定研究者所建立的理论模式,但不能说模型是正确的,必须经过模型和变量的实际意义的分析,这是首先的一步和分析过程中重要的一步工作。②适合数据的模型可能非常多,因此研究者应该采用上面所讲的两个方法来分析比较不同模型。③在检查模型整体拟合度时,应该考察多个不同类型的表现稳定的拟合指数,如 TLI,RNI,RMSEA 和卡方。同时也要考虑个别参数的拟合度和合理性。④如果数据量较多,最好采用交互验证,确定模型的适用性。结构方程模型的适合样本数据在200个左右,一般不少于150个,不大于500个。如果数据量很多,可以将样本随机分为2组,以进行交叉验证,即以一组数据建立模型,另一组数据用来进行验证。

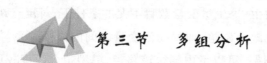

第三节 多组分析

一、多组分析的意义

前面讨论的是所有数据构建一个模型,其假定是所有数据来自同一个总体。例如不同年龄、不同性别、不同地区、不同职业、不同规模的企业、不同行业等不加区分,认为是单一总体结构。但实际上,观测数据可能来自不同群体,也就是说,可能不同行业、不同地区在潜变量结构上有差异;不同年龄的可能潜变量方差不同;不同规模企业可能均值不同;不同性别的可能在载荷系数上存在差异。这些情况下,将所有数据不加区分,构建单一总体结构方程模型是不合适的。

多组分析(Multiple-Group Analysis)的目的是检验适合于某一群体(组)的结构方程模型是否适用于其他群体(组)。如果将所有数据可以看作来自同一总体,则将所有数据构建一个模型没有问题,例如不同性别人群的幸福感受没有差异,则可以用一个结构方程模型解释不同性别人群的幸福感受。如果数据来自不同群体(组),而这些群体(组)之间在某些方面存在差异,则不能仅构建一个模型,需要根据实际存在的差异分别讨论。

二、分组分析的检验

一般来说,在结构方程模型应用中,多组分析关注不同群体是否存在以下五种差异。

1. 群体协方差差异

群体协方差差异是考虑不同群体的所有参数是否恒等,具有不变性。如果群体协方差没有差异,表明所有样本不需要分组分析,构建一个结构方程模型是合适的;如果存在差异,则需要考虑继续检验,考察究竟是在哪个方面存在差异。

2. 群体结构差异

群体结构差异是考虑不同群体的结构形式是否具有不变性,不同群体是否具有独特的因果结构,即潜变量个数是否相同,是否具有相同的路径图。如果群体结构存在显著差异,则所有样本构建一个相同路径图的结构方程模型不合适,需要分组构建各自合适的路径关系;如果不同群体结构不存在显著差异,则需要继续检验,考察在其他方面是否会有显著差异。

3. 群体路径差异

群体路径差异是考虑不同群体的路径图相同,但路径系数是否具有不变性。

若不同群体结构关系相同,但路径系数存在显著差异,表明不同群体的路径系数需要分别估计,构建不同的结构方程;若不同群体结构关系相同,路径系数不存在显著差异,表明不同群体结构方程模型的结构方程相同,是否存在其他方面的差异,需要继续检验。

4. 群体测量模型差异

群体测量模型差异是考虑不同群体的潜变量和可测变量之间的关系是否相同,即载荷系数是否具有不变性。若不同群体测量模型存在差异,表明不同群体每个潜变量和可测变量之间的关系不同,需要分组分别对载荷系数进行估计;若不存在显著差异,表明不同群体的每个潜变量和可测变量之间关系相同,构建一个测量模型即可。

5. 群体均值结构差异

群体均值结构差异是考虑当不同群体是带有均值结构的模型时,检验均值是否具有不变性。如果不同群体均值结构无显著差异,表明不同群体具有相同的均值,可以构建一个结构方程模型;若不同群体均值存在显著差异,则需进行分组分别估计均值。

第八章

实际案例:大学生超市满意度分析

第八章 实际案例:大学生超市满意度分析

[例8.1] 大学生超市满意度的分析

分析:为了解大学生对校园开办的几个超市的满意度情况,利用结构方程模型进行分析。

一、模型设定

结构方程模型分析过程可以分为模型构建、模型运算、模型修正以及模型解释四个步骤。下面以实例作为说明,使用AMOS18.0软件[①]进行计算,阐述在实际应用中结构方程模型的构建、运算、修正与模型解释过程。

(一) 模型构建的思路

本案例在著名的美国顾客满意度指数模型(ASCI)的基础上,提出了一个新的模型,并以此构建潜变量,建立模型结构。根据构建的理论模型,通过设计问卷对某超市顾客购物服务满意度调查得到实际数据,然后利用对缺失值进行处理后的数据进行分析,并对文中提出的模型进行拟合、修正和解释。

(二) 潜变量和可测变量的设定

本例在继承ASCI模型核心概念的基础上,对模型做了一些改进,在模型中增加了超市形象这一变量。它包括顾客对超市总体形象的评价及与其他超市相比的品牌知名度情况。它与顾客期望、感知价格和顾客满意有关,设计的模型见表8-1。

模型中共包含7个因素(潜变量):超市形象、质量期望、质量感知、感知价格、顾客满意、顾客抱怨、顾客忠诚,其中前四个要素是前提变量,后三个因素是结果变量,前提变量综合决定并影响着结果变量。

顾客满意模型中各因素的具体范畴,参考前面模型的总体构建情况、国外研究理论和其他行业实证结论,以及小范围甄别调查的结果,模型中各要素需要观测的具体范畴,见表8-2。

---

① 本案例是在AMOS7中完成的。

表 8-1 设计的结构路径图和基本路径假设

设计的结构路径图	基本路径假设
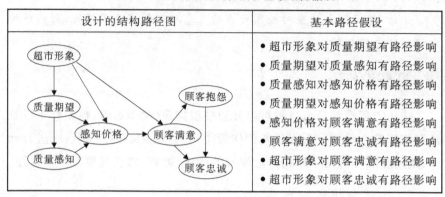	• 超市形象对质量期望有路径影响 • 质量期望对质量感知有路径影响 • 质量感知对感知价格有路径影响 • 质量期望对感知价格有路径影响 • 感知价格对顾客满意有路径影响 • 顾客满意对顾客忠诚有路径影响 • 超市形象对顾客满意有路径影响 • 超市形象对顾客忠诚有路径影响

表 8-2 模型变量对应表

潜变量	内涵	可测变量
(一)超市形象	根据马滕森(Martensen)在固定电话、移动电话、超市等行业中的调查研究,企业形象是影响总体满意水平的第一要素,这里将超市形象要素列为影响因素,可以从以下几个方面进行观测	• 某超市总体形象的评价(a_1) • 与其他超市相比的形象(a_2) • 与其他超市相比的品牌知名度(a_3)
(二)质量期望	质量期望是指顾客在使用某超市产品前对其的期望水平。顾客的质量期望会影响顾客价值,而且质量期望还会对顾客感知造成影响。还有学者指出,对于顾客期望要素,至少可以从整体感觉、个性化服务、可靠性三个方面来观测。结合上述因素,可以从几个方面衡量对某超市的质量期望	• 购物前,对某超市整体服务的期望(a_4) • 购物前,期望某超市商品的新鲜程度达到的水平(a_5) • 购物前,期望某超市营业时间安排的合理程度(a_6) • 购物前,期望某超市员工服务态度达到的水平(a_7) • 购物前,期望某超市结账速度达到的水平(a_8)

续表

潜变量	内 涵	可测变量
(三)质量感知	质量感知和质量期望相对应,质量期望考虑的是在购买商品前的期望。质量感知是在购买商品后的实际感受,可以从几个方面衡量	• 购物后,对某超市整体服务的满意程度(a_9) • 购物后,认为某超市商品的新鲜程度达到的水平(a_{10}) • 购物后,认为超市营业时间安排合理程度(a_{11}) • 购物后,认为某超市员工服务态度达到的水平(a_{12}) • 购物后,认为某超市结账速度达到的水平(a_{13})
(四)感知价格	根据研究者对美国顾客满意指数模型的进一步研究,认为对于顾客价值部分可以从性价比来衡量	• 某超市商品的价格如何(a_{14}) • 与其他超市相比,某超市商品的价格如何(a_{15})
(五)顾客满意	顾客满意一般可以从三个方面衡量:一是可以从整体上来感觉;二是可以与消费前的期望进行比较,寻找两者的差距;三是可以与理想状态下的感觉比较,寻找两者的差距。因此,可以通过以下几个指标衡量	• 对某超市的总体满意程度(a_{16}) • 和消费前的期望比,对某超市的满意程度(a_{17}) • 和心目中的超市比,对某超市的满意程度(a_{18})
(六)顾客抱怨	有学者的研究成果认为:顾客满意的增加会减少顾客的抱怨,同时会增加顾客的忠诚,当顾客不满意时,他们往往会选择抱怨。对于抱怨的观测,一般有两种方式:一种是比较正式的形式,向超市提出正式抱怨,有换货、退货等行为;另一种是非正式的形式,顾客会宣传、形成群众对于该超市的口碑	• 对某超市投诉的频率(包括给超市写投诉信和直接向超市人员反映)(a_{19}) • 对某超市抱怨的频率(私下抱怨并未告知超市)(a_{20}) • 某超市对顾客投诉的处理效率和效果(a_{21})

续表

潜变量	内　涵	可测变量
(七)顾客忠诚	顾客忠诚主要可以从三个方面体现：顾客推荐意向、转换产品的意向、重复购买的意向。同时还有学者指出顾客忠诚可以从顾客对涨价的容忍性、重复购买性两方面衡量。综合上述因素，拟从以下几个方面衡量顾客忠诚	• 会经常去某超市(a_{22}) • 会推荐同学和朋友去某超市(a_{23}) • 如果发现某超市的产品或服务有问题后，能以谅解的心态主动向超市反馈，求得解决，并且以后还会来超市购物(a_{24})

(三) 关于顾客满意调查数据的收集

本次问卷调研的对象为居住在某大学校内的各类学生(包括全日制本科生、全日制硕士和博士研究生)，并且近一个月内在校内某超市有购物体验的学生。调查采用随机拦访的方式，并且为避免样本的同质性和重复填写，按照性别和被访者经常光顾的超市进行控制。问卷内容包括7个潜变量因子，24项可测指标，7个人口变量。量表采用了Likert10级量度，如对超市形象的测量(如表8-3所示)。

表8-3　超市形象的测量举例

一、	超市形象	1代表"非常差劲"，10代表"非常好"
1	您对某超市总体形象的评价	1 2 3 4 5 6 7 8 9 10
2	您认为与其他校内超市相比，某超市的形象如何	1 2 3 4 5 6 7 8 9 10
3	您认为与其他校内超市相比，某超市品牌知名度如何	1 2 3 4 5 6 7 8 9 10

本次调查共发放问卷500份，收回有效样本436份。

第八章　实际案例：大学生超市满意度分析

（四）缺失值的处理

采用表列删除法，即在一条记录中，只要存在一项数据缺失，则删除该记录。最终得到401条数据，基于这部分数据做分析。

（五）数据的的信度和效度检验

1. 数据的信度检验

信度（reliability）指测量结果（数据）一致性或稳定性的程度。一致性主要反映的是测验题目内部之间的关系，考察测验的各个题目是否测量了相同的内容或特质。稳定性是指用一种测量工具（譬如同一份问卷）对同一群受试者进行不同时间上的重复测量结果间的可靠系数。如果问卷设计合理，重复测量的结果间应该高度相关。由于本案例并没有进行多次重复测量，所以主要采用反映内部一致性的指标来测量数据的信度。

折半信度（split-half reliability）是将测量工具中的条目按奇偶数或前后分成两半，采用斯皮尔曼-布朗（Spearman-brown）公式估计相关系数，相关系数高提示内部一致性好。然而，折半信度系数是建立在两半问题条目分数的方差相等这一假设的基础之上的，但实际数据并不一定满足这一假定，因此信度往往被低估。克龙巴哈（Cronbach）在1951年提出了一种新的方法（Cronbach's Alpha系数），这种方法将测量工具中任一条目结果同其他所有条目作比较，对量表内部一致性估计更为慎重，因此克服了折半信度的缺点。本章采用SPSS16.0研究数据的内部一致性。在Analyze菜单中选择Scale下的Reliability Analysis（如图8-1所示），将数据中在左边方框中待分析的24个题目一一选中，然后点击，左边方框中待分析的24个题目进入右边的items方框中，使用Alpha模型（默认），得到图8-2，然后点击OK，即可得到如表8-4的结果，显示Cronbach's Alpha系数为0.892，说明案例所使用的数据具有较好的信度。

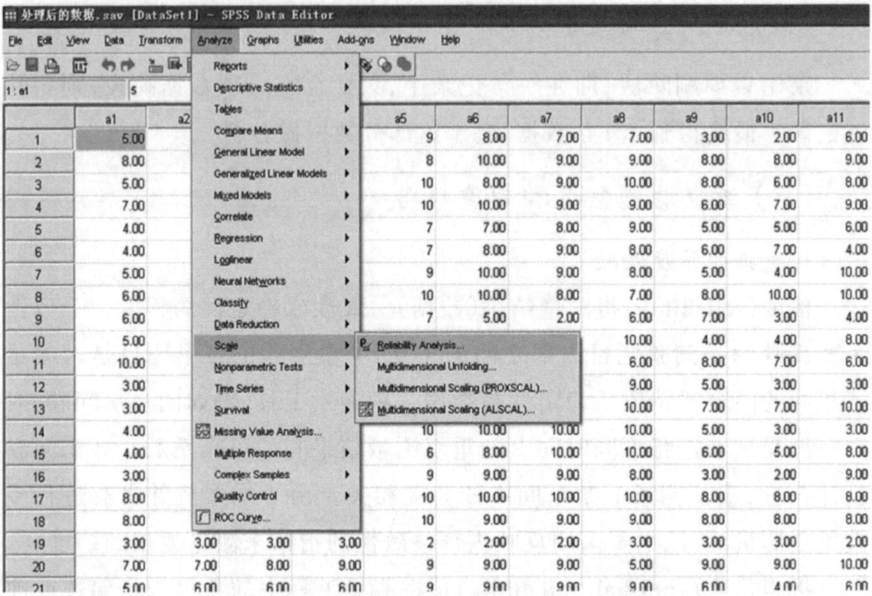

结构方程模型及其应用

图 8-1 信度分析的选择

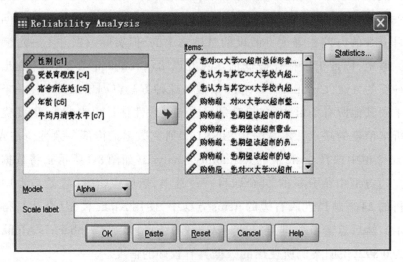

图 8-2 信度分析变量及方法的选择

表 8-4 信度分析结果

Reliability Statistics	
Cronbach's Alpha	N of Items
.892	24

第八章 实际案例:大学生超市满意度分析

另外,对问卷中每个潜变量的信度分别检验的结果如表 8-5 所示。[①]从表 8-5 可以看到,除顾客抱怨量表的 Cronbach's Alpha 系数为 0.255 比较低以外,其他分量表的 Cronbach's Alpha 系数均在 0.7 以上,且总量表的 Cronbach's Alpha 系数达到了 0.892,表明此量表的可靠性较高。由信度检验的结果可知顾客抱怨的测量指标的信度远低于 0.7,因此在路径图中去掉顾客抱怨因子,即初始模型中包括 6 个潜变量、21 个可测变量。

表 8-5 潜变量的信度检验

潜变量	可测变量个数	Cronbach's Alpha
超市形象	3	0.858
质量期望	5	0.889
质量感知	5	0.862
感知价格	2	0.929
顾客满意	5	0.948
顾客抱怨	3	0.255
顾客忠诚	3	0.738

2. 数据的效度检验

效度(validity)指测量工具能够正确测量出所要测量的特质的程度,分为内容效度(content validity)、效标效度(criterion validity)和构造效度(construct validity)三个主要类型。

内容效度也称表面效度或逻辑效度,是指测量目标与测量内容之间的适合性与相符性。对内容效度常采用逻辑分析与统计分析相结合的方法进行评价。逻辑分析一般由研究者或专家评判所选题项是否"看上去"符合测量的目的和要求。

效标效度又称准则效度、实证效度、统计效度、预测效度或标准关联效度,是指用几种不同的测量方式或不同的指标对同一变量进行测量,并将其中的一种方式作为准则(效标),用其他的方式或指标与这个准则作

[①] 操作过程同前,不同的是在图 8-1 中选入右边方框 items 中是相应潜变量对应的题目。如对超市形象潜变量,只需要把 a_1、a_2 和 a_3 题目选入右边方框 items 中即可。

比较,如果其他方式或指标也有效,那么这个测量即具备效标效度。例如,X是一个变量,我们使用X_1、X_2两种工具进行测量。如果使用X_1作为准则,并且X_1和X_2高度相关,就说X_2也是具有很高的效度。当然,使用这种方法的关键在于作为准则的测量方式或指标一定是有效的,否则越比越差。现实中,评价效标效度的方法是相关分析或差异显著性检验,但是在调查问卷的效度分析中,选择一个合适的准则往往十分困难,也使这种方法的应用受到一定限制。

构造效度也称结构效度、建构效度或理论效度,是指测量工具反映概念和命题的内部结构的程度,也就是说如果问卷调查结果能够测量其理论特征,使调查结果与理论预期一致,就认为数据是具有构造效度的。它一般是通过测量结果与理论假设相比较来检验的。确定构造效度的基本步骤是,首先从某一理论出发,提出关于特质的假设,然后设计和编制测量并进行施测,最后对测量的结果采用相关分析或因子分析等方法进行分析,验证其与理论假设的相符程度。

在实际操作的过程中,前面两种效度(内容效度和效标效度)往往要求专门定性研究或具有公认的效标测量,因而难以实现,而构造效度可以采用多种方法来实现。

第一种方法是通过模型系数评价构造效度。如果模型假设的潜变量之间的关系以及潜变量与可测变量之间的关系合理,非标准化系数应当具有显著的统计意义。特别地,通过标准化系数可以比较不同指标间的效度。

第二种方法是通过相关系数评价构造效度。如果在理论模型中潜变量之间存在相关关系,可以通过潜变量的相关系数来评价构造效度:显著的相关系数说明理论模型假设成立,具有较好的构造效度。

第三种方法是先构建理论模型,通过验证性因子分析的模型拟合情况来对量表的构造效度进行考评。因此数据的效度检验就转化为结构方程模型评价中的模型拟合指数评价。

(六)结构方程模型建模

构建如图8-3所示的初始模型。

第八章 实际案例:大学生超市满意度分析

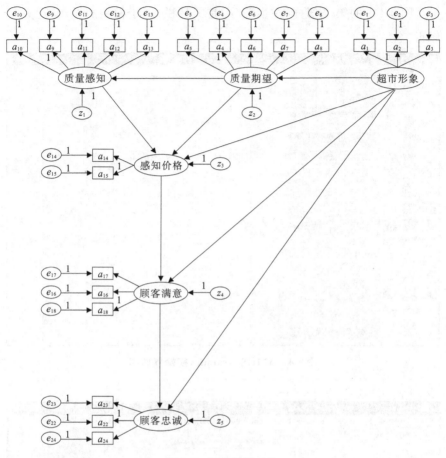

图 8-3 初始模型结构

二、AMOS实现[①]

(一) AMOS基本界面与工具

打开AMOS Graphics,初始界面如图8-4所示。其中第一部分(右半部分)是建模区域,默认是竖版格式。如果要建立的模型在横向上占用较大空间,只需选择View菜单中的Interface Properties选项下的Landscape如图8-5所示,即可将建模区域调整为横板格式。

[①] 这部分操作可以参考AMOS使用手册。

图8-4中的第二部分(左半部分)是工具栏,用于模型的设定、运算与修正。

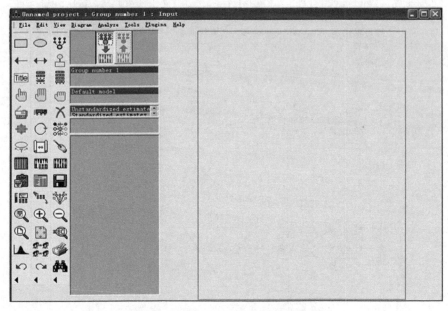

图8-4 AMOS Graphics初始界面图

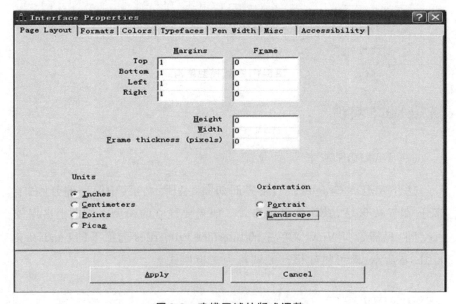

图8-5 建模区域的版式调整

第八章 实际案例：大学生超市满意度分析

（二）AMOS 模型设定操作

1. 模型的绘制

在使用 AMOS 进行模型设定之前，建议事先在纸上绘制出基本理论模型和变量影响关系路径图，并确定潜变量与可测变量的名称，以避免不必要的返工。相关软件操作如下。

第一步，使用 ⬭ 建模区域绘制模型中的七个潜变量，如图 8-6 所示。为了使图形美观，可先绘制一个潜变量，再使用复制工具 🖨 绘制其他潜变量，以保证潜变量字号一致。在潜变量上点击右键选择 Object Properties，为潜变量命名，如图 8-7 所示。绘制好的潜变量图形，如图 8-8 所示。

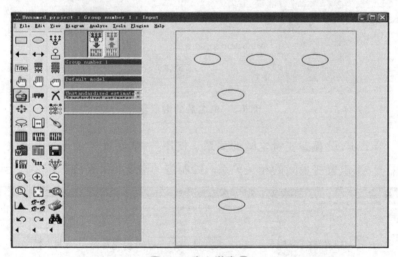

图 8-6　建立潜变量

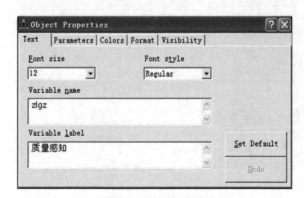

图 8-7　潜变量命名

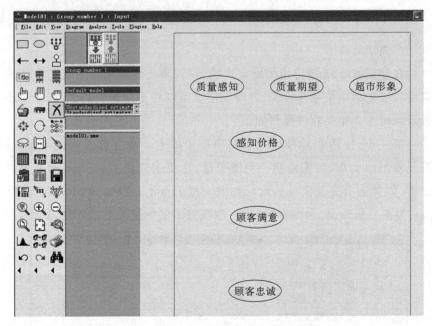

图 8-8 命名后的潜变量

第二步,设置潜变量之间的关系。使用 ← 来设置变量间的因果关系,使用 ↔ 来设置变量间的相关关系。绘制好的潜变量关系图如图 8-9 所示。

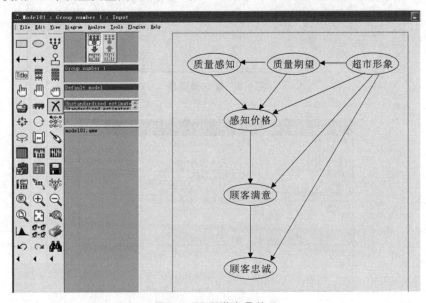

图 8-9 设定潜变量关系

第八章 实际案例:大学生超市满意度分析

第三步,为潜变量设置可测变量及相应的残差变量,可以使用 绘制,也可以使用 ○ 和 ← 自行绘制,绘制结果如图 8-10 所示。在可测变量上点击右键选择 Object Properties,为可测变量命名。其中 Variable name 一项对应的是数据中的变量名,如图 8-11 所示,在残差变量上点击右键选择 Object Properties,为残差变量命名。最终绘制完成的模型结果如图 8-12 所示。

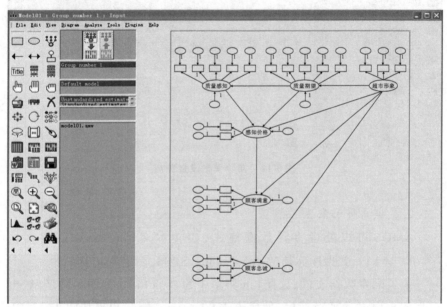

图 8-10 设定可测变量及残差变量

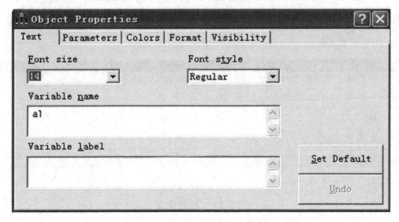

图 8-11 可测变量指定与命名

· 161 ·

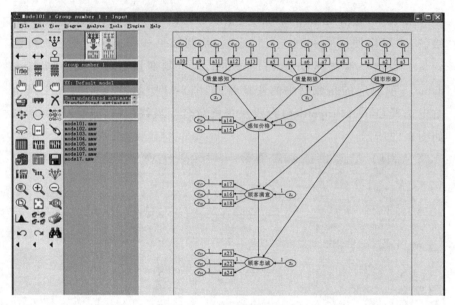

图 8-12　初始模型设置完成

2. 数据文件的配置

AMOS 可以处理多种数据格式，如文本文档（*.txt）、表格文档（*.xls、*.wk1）、数据库文档（*.dbf、*.mdb）、SPSS 文档（*.sav）等。

为了配置数据文件，选择 File 菜单中的 Data Files，如图 8-13 所示，出现如图 8-14 左边的对话框；然后点击 File name 按钮，出现如图 8-14 右边的对话框，找到需要读入的数据文件"处理后的数据.sav"，双击文件名或点击下面的"打开"按钮；最后点击图 8-14 左边对话框中的"OK"按钮，这样就读入了数据。

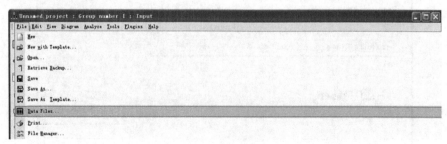

图 8-13　数据配置

第八章　实际案例：大学生超市满意度分析

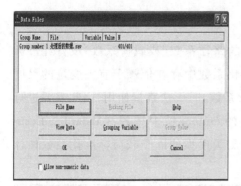

图 8-14　数据读入

三、模型拟合

（一）参数估计方法选择

模型运算是使用软件进行模型参数估计的过程。AMOS 提供了多种模型运算方法供选择。可以通过点击 View 菜单的 Analysis Properties，或点击工具栏的 ▦ 中的 Estimation 项选择相应的估计方法。

本案例使用最大似然估计（Maximum likelihood）进行模型运算，相关设置如图 8-15 所示。

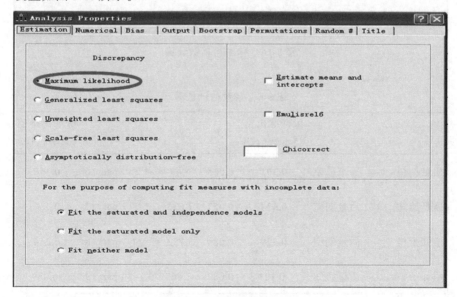

图 8-15　参数估计选择

· 163 ·

(二)标准化系数

如果不做选择,输出结果默认的路径系数(或载荷系数)没有经过标准化,称作非标准化系数。非标准化系数中存在依赖于有关变量的尺度单位,所以在比较路径系数(或载荷系数)时无法直接使用,因此需要进行标准化。在 Analysis Properties 中的 Output 项中选择 Standardized estimates 项,如图 8-16 所示,即可输出测量模型的因子载荷标准化系数估计结果如表 8-6 最后一列所示。

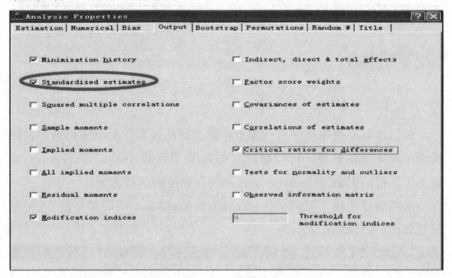

图 8-16 标准化系数计算

表 8-6 系数估计结果

	未标准化路径系数估计	S.E.	C.R.	P	Label	标准化路径系数估计
质量期望 <--- 超市形象	0.301	0.045	6.68	***	par_16	0.358
质量感知 <--- 质量期望	0.434	0.057	7.633	***	par_17	0.434
感知价格 <--- 质量期望	0.329	0.089	3.722	***	par_18	0.244
感知价格 <--- 质量感知	-0.121	0.082	-1.467	0.142	par_19	-0.089

第八章 实际案例:大学生超市满意度分析

续表

			未标准化路径系数估计	S.E.	C.R.	P	Label	标准化路径系数估计
感知价格	<---	超市形象	-0.005	0.065	-0.07	0.944	par_20	-0.004
顾客满意	<---	超市形象	0.912	0.043	21.389	***	par_21	0.878
顾客满意	<---	感知价格	-0.029	0.028	-1.036	0.3	par_23	-0.032
顾客忠诚	<---	超市形象	0.167	0.101	1.653	0.098	par_22	0.183
顾客忠诚	<---	顾客满意	0.5	0.1	4.988	***	par_24	0.569
a1①	<---	超市形象	1					0.927
a2	<---	超市形象	1.008	0.036	27.991	***	par_1	0.899
a3	<---	超市形象	0.701	0.048	14.667	***	par_2	0.629
a5	<---	质量期望	1					0.79
a4	<---	质量期望	0.79	0.061	12.852	***	par_3	0.626
a6	<---	质量期望	0.891	0.053	16.906	***	par_4	0.786
a7	<---	质量期望	1.159	0.059	19.628	***	par_5	0.891
a8	<---	质量期望	1.024	0.058	17.713	***	par_6	0.816
a10	<---	质量感知	1					0.768
a9	<---	质量感知	1.16	0.065	17.911	***	par_7	0.882
a11	<---	质量感知	0.758	0.068	11.075	***	par_8	0.563
a12	<---	质量感知	1.101	0.069	15.973	***	par_9	0.784
a13	<---	质量感知	0.983	0.067	14.777	***	par_10	0.732
a18	<---	顾客满意	1					0.886
a17	<---	顾客满意	1.039	0.034	30.171	***	par_11	0.939
a15	<---	感知价格	1					0.963
a14	<---	感知价格	0.972	0.127	7.67	***	par_12	0.904
a16	<---	顾客满意	1.009	0.033	31.024	***	par_13	0.95
a24	<---	顾客忠诚	1					0.682
a23	<---	顾客忠诚	1.208	0.092	13.079	***	par_14	0.846

注:"***"表示0.01水平上显著。

① 凡是a+数字的变量都是代表问卷中相应测量指标,其中数字代表的是问卷第一部分中问题的序号。

标准化系数是将各变量原始分数转换为Z分数①后得到的估计结果，用以度量变量间的相对变化水平。

(三) 参数估计结果的展示

可使用Analyze菜单下的Calculate estimates进行模型运算(或使用工具栏中的▦)，输出结果如图8-17所示。其中红框部分(软件中显示)是模型运算基本结果信息，使用者也可以通过点击View the output path diagram(▦)查看参数估计结果图(图8-18所示)。

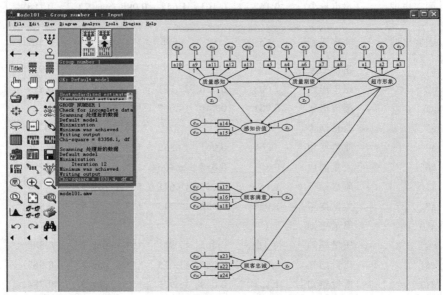

图8-17 模型运算完成图

AMOS还提供了表格形式的模型运算的详细结果信息，通过点击工具栏中的▦来查看。详细信息包括分析基本情况(Analysis Summary)、变量基本情况(Variable Summary)、模型信息(Notes for Model)、估计结果(Estimates)、修正指数(Modification Indices)和模型拟合(Model Fit)六部分。在分析过程中，一般通过前三部分了解模型，在模型评价时使用估计结果和模型拟合部分，在模型修正时使用修正指数部分。

---

① Z分数转换公式为：$Z_i = \dfrac{X_i - \bar{X}}{S}$。

第八章 实际案例：大学生超市满意度分析

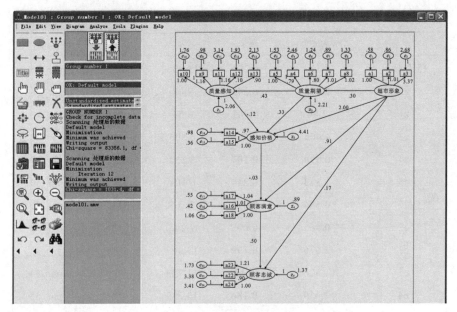

图 8-18 参数估计结果图

（四）参数的显著性检验

参数估计结果如表 8-6（本书 164 页）和表 8-7 所示，模型评价首先要考察模型结果中估计出的参数是否具有统计意义，需要对路径系数或载荷系数[①]进行统计显著性检验，这类似于回归分析中的参数显著性检验，原假设为系数等于 0。AMOS 提供了一种简单便捷的方法，叫作 C.R.（Critical Ratio）。C.R.值是一个 Z 统计量，使用参数估计值与其标准差之比构成，如表 8-6 中第四列。AMOS 同时给出了 C.R.的统计检验相伴概率 P，如表 8-6 中第五列，使用者可以根据 P 值进行路径系数/载荷系数的统计显著性检验。譬如对于表 8-6 中"超市形象"潜变量对"质量期望"潜变量的路径系数（第一行）为 0.301，其 C.R.值为 6.68，相应的 P 值小于 0.01，则可以认为这个路径系数在 95%的置信度下与 0 存在显著性差异。

---

① 潜变量与潜变量间的系数称为路径系数；潜变量与可测变量间的系数称为载荷系数。

表 8-7 方差估计

	方差估计	S.E.	C.R.	P	Label
超市形象	3.574	0.299	11.958	***	par_25
z2	2.208	0.243	9.08	***	par_26
z1	2.06	0.241	8.54	***	par_27
z3	4.405	0.668	6.596	***	par_28
z4	0.894	0.107	8.352	***	par_29
z5	1.373	0.214	6.404	***	par_30
e1	0.584	0.079	7.363	***	par_31
e2	0.861	0.093	9.288	***	par_32
e3	2.675	0.199	13.467	***	par_33
e5	1.526	0.13	11.733	***	par_34
e4	2.459	0.186	13.232	***	par_35
e6	1.245	0.105	11.799	***	par_36
e7	0.887	0.103	8.583	***	par_37
e8	1.335	0.119	11.228	***	par_38
e10	1.759	0.152	11.565	***	par_39
e9	0.976	0.122	7.976	***	par_40
e11	3.138	0.235	13.343	***	par_41
e12	1.926	0.171	11.272	***	par_42
e13	2.128	0.176	12.11	***	par_43
e18	1.056	0.089	11.832	***	par_44
e16	0.42	0.052	8.007	***	par_45
e17	0.554	0.061	9.103	***	par_46
e15	0.364	0.591	0.616	0.538	par_47
e24	3.413	0.295	11.55	***	par_48
e22	3.381	0.281	12.051	***	par_49
e23	1.73	0.252	6.874	***	par_50
e14	0.981	0.562	1.745	0.081	par_51

注:"***"表示参数在 0.01 水平上显著。

第八章 实际案例:大学生超市满意度分析

四、模型拟合评价

在结构方程模型中,试图通过统计运算方法(如最大似然法等)求出那些使样本方差协方差矩阵 S 与理论方差协方差矩阵 Σ 的差异最小的模型参数。换一个角度,如果理论模型结构对于收集到的数据是合理的,那么样本方差协方差矩阵 S 与理论方差协方差矩阵 Σ 差别不大,即残差矩阵 $(\Sigma-S)$ 各个元素接近于0,就可以认为模型拟合了数据。

模型拟合指数是考察理论结构模型对数据拟合程度的统计指标。不同类别的模型拟合指数可以从模型复杂性、样本大小、相对性与绝对性等方面对理论模型进行度量。AMOS 提供了多种模型拟合指数,如表 8-8 供使用者选择。如果模型拟合不好,需要根据相关领域知识和模型修正指标进行模型修正。

表 8-8 拟合指数

指数名称		评价标准
绝对拟合指数	χ^2(卡方)	越小越好
	GFI	大于 0.9
	RMR	小于 0.05,越小越好
	SRMR	小于 0.05,越小越好
	RMSEA	小于 0.05,越小越好①
相对拟合指数	NFI	大于 0.9,越接近 1 越好
	TLI	大于 0.9,越接近 1 越好
	CFI	大于 0.9,越接近 1 越好
信息指数	AIC	越小越好
	CAIC	越小越好

需要注意的是,拟合指数的作用是考察理论模型与数据的适配程度,并不能作为判断模型是否成立的唯一依据。拟合优度高的模型只能作为参考,还需要根据所研究问题的背景知识进行模型合理性讨论。即便拟

---

① 表格中给出的是该拟合指数的最优标准,譬如对于 RMSEA,其值小于 0.05 表示模型拟合较好,在 0.05~0.08 间表示模型拟合尚可。因此在实际研究中,可根据具体情况分析。

合指数没有达到最优,但一个能够使用相关理论解释的模型更具有研究意义。

五、模型修正

1. 模型修正的思路

模型拟合指数和系数显著性检验固然重要,但对于数据分析更重要的是模型结论一定要具有理论依据,换言之,模型结果要可以为相关领域知识所解释。因此,在进行模型修正时主要考虑修正后的模型结果是否具有现实意义或理论价值,当模型效果很差时[1],可以参考模型修正指标对模型进行调整。

当模型效果很差时,研究者可以根据初始模型的参数显著性结果和AMOS提供的模型修正指标进行模型扩展(Model Building)或模型限制(Model Trimming)。模型扩展是指通过释放部分限制路径或添加新路径,使模型结构更加合理,通常在提高模型拟合程度时使用;模型限制是指通过删除[2]或限制部分路径,使模型结构更加简洁,通常在提高模型可识别性时使用。

AMOS提供了两种模型修正指标,其中修正指数(Modification Index)用于模型扩展,临界比率(Critical Ratio,CR)[3]用于模型限制。

2. 模型修正指标[4]

(1) 修正指数

修正指数(Modification Index,MI)用于模型扩展,是指对于模型中某个受限制的参数,若容许自由估计(譬如在模型中添加某条路径),整个模型改良时将会减少的最小卡方值。[5]

使用修正指数修改模型时,原则上每次只修改一个参数,从最大值开始估算。但在实际操作中,也要考虑该参数自由估计是否有理论根据。

---

[1] 如模型不可识别,或拟合指数结果很差。
[2] 譬如可以删除初始模型中不存在显著意义的路径。
[3] 这个CR不同于参数显著性检验中的CR,使用方法将在下文中阐明。
[4] 无论是根据修正指数还是临界比率进行模型修正,都要以模型的实际意义与理论依据为基础。
[5] 即当模型释放某个模型参数时,卡方统计量的减少量将大于等于相应的修正指数值。

第八章 实际案例:大学生超市满意度分析

若要使用修正指数,需要在 Analysis Properties 中的 Output 项选择 Modification indices 项,如图 8-19 所示。其后面的 Threshold for modification indices 指的是输出的开始值。①

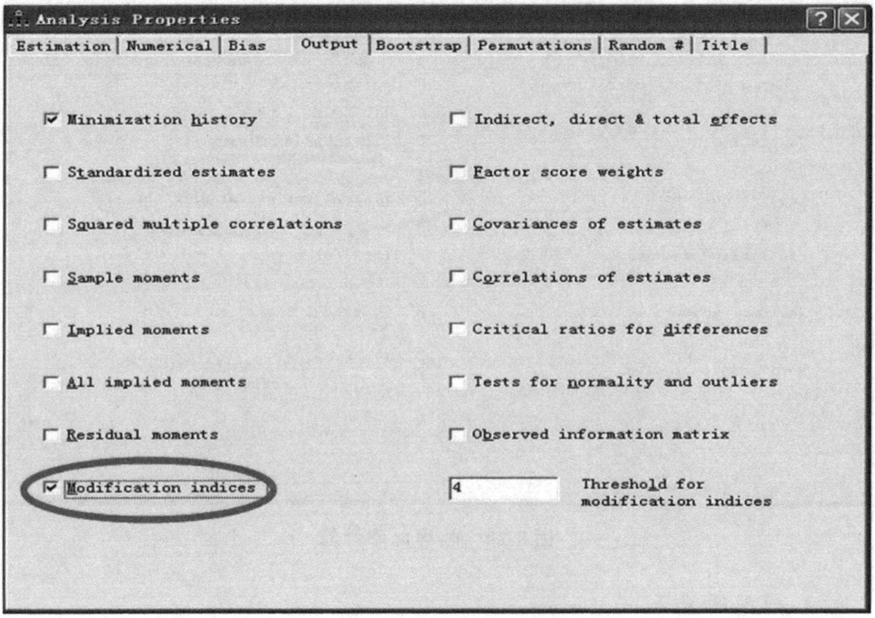

图 8-19 修正指数计算

(2)临界比率

临界比率(Critical Ratio,CR)用于模型限制,是计算模型中的每一对待估参数(路径系数或载荷系数)之差,并除以相应参数之差的标准差所构造出的统计量。在模型假设下,CR 统计量服从正态分布,所以可以根据 CR 值判断两个待估参数间是否存在显著性差异。若两个待估参数间不存在显著性差异,则可以限定模型在估计时对这两个参数赋以相同的值。

若要使用临界比率,需要在 Analysis Properties 中的 Output 项选择 Critical ratios for differences 项,如图 8-20 所示。

---

① 只有修正指数值大于开始值的路径时才会被输出,一般默认开始值为 4。

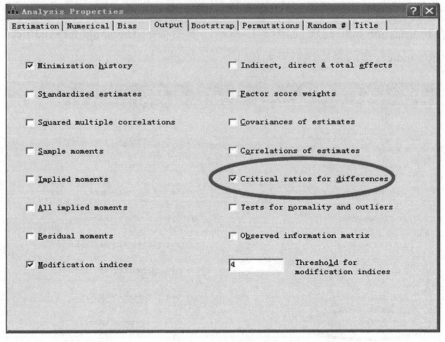

图 8-20　临界比率计算

3. 模型的修正

对本章所研究的案例,初始模型运算结果如表 8-9 所示,各项拟合指数尚可。但从模型参数的显著性检验如表 8-6 中可以看出,无论是关于感知价格的测量方程部分还是关于结构方程部分(除与质量期望的路径外),系数都是不显著的。关于感知价格的结构方程部分的平方复相关系数为 0.048,非常小。另外,从实际的角度考虑,基于自身的感受,某超市商品价格同校内外其他主要超市的商品价格的差别不明显。因此,首先考虑将该因子在本书的结构方程模型中去除,并且增加质量期望和质量感知对顾客满意的路径。超市形象对顾客忠诚的路径先保留。修改的模型如图 8-21 所示。

第八章 实际案例：大学生超市满意度分析

表8-9 常用拟合指数计算结果

拟合指数	卡方值（自由度）	CFI	NFI	IFI	RMSEA	AIC	BCC	EVCI
结果	1031.4 (180)	0.866	0.842	0.866	0.109	1133.441	1139.378	2.834

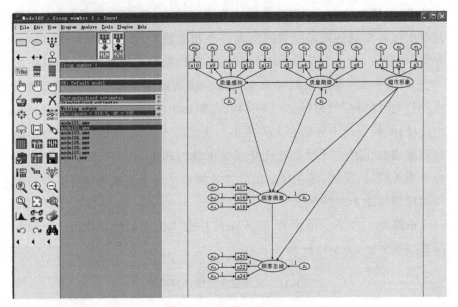

图8-21 修正的模型二

根据上面提出的图8-21所示的模型，在AMOS中运用极大似然估计运行的部分结果如表8-10所示。

表8-10 常用拟合指数计算结果

拟合指数	卡方值（自由度）	CFI	NFI	IFI	RMSEA	AIC	BCC	EVCI
结果	819.5 (145)	0.883	0.862	0.884	0.108	909.541	914.278	2.274

从表8-9和表8-10可以看出,卡方值减小了很多,并且各拟合指数也都得到了改善,但与理想的拟合指数值仍有差距。该模型的各个参数在0.05的水平下都是显著的,并且从实际考虑,各因子的各个路径也是合理存在的。

下面考虑通过修正指数对模型修正,通过点击工具栏中的 来查看模型输出详细结果中的 Modification indices 项可以查看模型的修正指数结果,双箭头("<-->")部分是残差变量间的协方差修正指数,表示如果在两个可测变量的残差变量间增加一条相关路径,至少会减少模型的卡方值;单箭头("<---")部分是变量间的回归权重修正指数,表示如果在两个变量间增加一条因果路径至少会减少模型的卡方值。比如,"超市形象"到"质量感知"的MI值为179.649,表明如果增加超市形象到质量感知的路径,则模型的卡方值会大大减小。从实际考虑,超市形象的确会影响到质量感知,设想,一个具有良好品牌形象的超市,人们一般会感到它的商品质量较好;反之,则相反。因此考虑增加从超市形象到质量感知的路径的模型如图8-22所示。

根据图8-22所示的模型,在AMOS中运用极大似然估计运行的部分结果如表8-11、表8-12所示。

表8-11　常用拟合指数计算结果

拟合指数	卡方值（自由度）	CFI	NFI	IFI	RMSEA	AIC	BCC	EVCI
结果	510.1 (144)	0.936	0.914	0.937	0.080	602.100	606.942	1.505

表8-12　5%水平下不显著的估计参数

			Estimate	S.E.	C.R.	P	Label
顾客满意	<---	质量期望	-.054	.035	-1.540	.124	par_22
顾客忠诚	<---	超市形象	.164	.100	1.632	.103	par_21

第八章　实际案例：大学生超市满意度分析

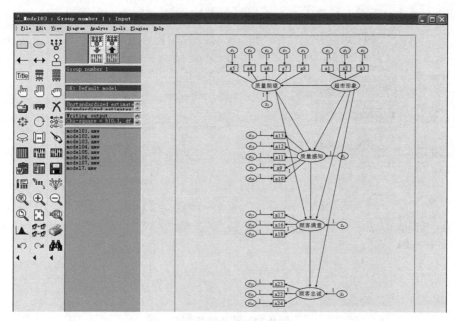

图 8-22　修正的模型三

从表 8-11 和表 8-12 可以看出,各拟合指数也都得到了改善,但与理想的拟合指数值仍有差距。

除表 8-12 中的两个路径系数在 0.05 的水平下不显著外,该模型其他各个参数在 0.01 水平下都是显著的,首先考虑去除 P 值较大的路径,即质量期望到顾客满意的路径。重新估计模型,结果如表 8-13 所示。

表 8-13　5% 水平下不显著的估计参数

			Estimate	S.E.	C.R.	P	Label
顾客忠诚	<---	超市形象	.166	.101	1.652	.099	par_21

从表 8-13 可以看出,超市形象对顾客忠诚路径系数估计的 P 值为 0.099,仍大于 0.05。并且从实际考虑,在学校内部,学生一般不会根据超市之间在形象上的差别而选择坚持去同一个品牌的超市,更多的可能是通过超市形象影响顾客满意等因素,进而影响到顾客忠诚因素。考虑删除这两个路径的模型如图 8-23 所示。

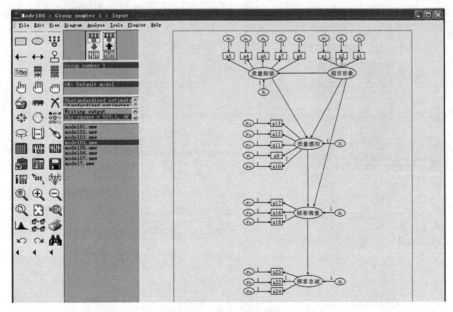

图 8-23　修正的模型四

根据如图 8-23 所示的模型,在 AMOS 中运用极大似然估计运行的部分结果如表 8-14 所示。

表 8-14　常用拟合指数计算结果

拟合指数	卡方值 (自由度)	CFI	NFI	IFI	RMSEA	AIC	BCC	EVCI
结果	515.1 (146)	0.936	0.913	0.936	0.080	603.117	607.749	1.508

从表 8-11 和表 8-14 可以看出,卡方值变化不大,并且各拟合指数几乎没有改变,但模型变简单了,做此改变是值得的。该模型的各个参数在 0.01 的水平下都是显著的,另外质量感知对应的测量指标 a_{11}(关于营业时间安排合理程度的打分)对应方程的测定系数为 0.278,比较小,从实际考虑,由于校内东区超市的营业时间很长,几乎是全天候营业,在顾客心目中,可能该指标能用质量感知解释的可能性不大,考虑删除该测量指标。修改后的模型如图 8-24 所示。

第八章 实际案例：大学生超市满意度分析

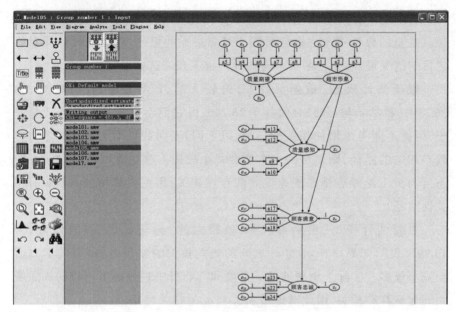

图8-24 修正的模型五

根据图8-24所示的模型，在AMOS中运用极大似然估计运行的部分结果如表8-15所示。

表8-15 常用拟合指数计算结果

拟合指数	卡方值 （自由度）	CFI	NFI	IFI	RMSEA	AIC	BCC	EVCI
结果	401.3 (129)	0.951	0.930	0.951	0.073	485.291	489.480	1.213

从表8-14和表8-15可以看出，卡方值减小了很多，并且各拟合指数都得到了较大的改善。该模型的各个参数在0.01的水平下都仍然是显著的，各方程对应的测定系数增大了。

下面考虑通过修正指数对模型修正，e_{12}与e_{13}的MI值最大，为26.932，表明如果增加a_{12}与a_{13}之间的残差相关的路径，则模型的卡方值会减小较多。从实际考虑，员工对顾客的态度与员工给顾客结账的速度，实际上也确实存在相关。设想对顾客而言，超市员工结账速度很慢本来就是一种对顾客态度不好的表现;反之则相反。因此考虑增加 e_{12} 与 e_{13} 的相关性路径。(这里的分析不考虑潜变量因子可测指标的更改,理由是设计问卷的题目的信度很好,而且题目本身的设计也不允许这样做,以下同。)

重新估计模型,重新寻找 MI 值较大的, e_7 与 e_8 的 MI 值较大,为 26.230,(虽然 e_3 与 e_6 的 MI 值等于 26.746,但它们不属于同一个潜变量因子,因此不能考虑增加相关性路径,以下同)表明如果增加 a_7 与 a_8 之间的残差相关的路径,则模型的卡方值会减小较多。这也表明员工对顾客的态度与员工给顾客结账的速度之间存在相关,因此考虑增加 e_7 与 e_8 的相关性路径。

重新估计模型,重新寻找 MI 值较大的, e_{17} 与 e_{18} 的 MI 值较大,为 13.991,表明如果增加 a_{17} 与 a_{18} 之间的残差相关的路径,则模型的卡方值会减小较多。实际上消费前的满意度和与心目中理想超市比较的满意度之间显然存在相关,因此考虑增加 e_{17} 与 e_{18} 的相关性路径。

重新估计模型,重新寻找 MI 值较大的, e_2 与 e_3 的 MI 值较大,为 11.088,表明如果增加 a_2 与 a_3 之间的残差相关的路径,则模型的卡方值会减小较多。实际上超市形象和超市品牌知名度之间显然存在相关,因此考虑增加 e_2 与 e_3 的相关性路径。

重新估计模型,重新寻找 MI 值较大的, e_{10} 与 e_{12} 的 MI 值较大,为 5.222,表明如果增加 a_{10} 与 a_{12} 之间的残差相关的路径,则模型的卡方值会减小较多。但实际上超市的食品保鲜和日用品丰富性与员工态度之间显然不存在相关,因此不考虑增加 e_{10} 与 e_{12} 的相关性路径。另外,剩下的变量之间 MI 值没有可以做处理的变量了,因此考虑 MI 值修正后的模型如图 8-25 的所示。

第八章 实际案例：大学生超市满意度分析

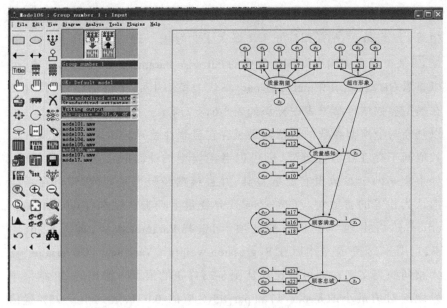

图 8-25　修正的模型六

根据图 8-25 所示的模型，在 AMOS 中运用极大似然估计运行的部分结果如表 8-16 所示。

表 8-16　常用拟合指数计算结果

拟合指数	卡方值（自由度）	CFI	NFI	IFI	RMSEA	AIC	BCC	EVCI
结果	281.9 (125)	0.972	0.951	0.972	0.056	373.877	378.465	0.935

从表 8-15 和表 8-16 可以看出，卡方值减小了很多，并且各拟合指数都得到了较大的改善。该模型的各个参数在 0.01 的水平下都仍然是显著的，各方程对应的测定系数增大了。下面考虑根据成对参数比较（Pair-wise Parameter Comparisons）来判断对待估计参数的设定，即判断哪些结构方程之间的系数没有显著差异，哪些测量方程的系数之间没有显著差异，哪些结构方程的随机项的方差之间没有显著差异，哪些测量方程的随

机项的方差之间没有显著差异,对没有显著差异的相应参数估计设定为相等,直到最后所有相应的 CR 都大于 2 为止。通过点击工具栏中的 ▦ 来查看模型输出详细结果中的 Pairwise Parameter Comparison 项,可以查看 CR 结果,其中 par_1 到 par_46 代表模型中 46 个待估参数,其含义在模型参数估计结果表中标识如表 8-6,8-7 所示。根据 CR 值的大小[①],可以判断两个模型参数的数值间是否存在显著性差异。如果经检验发现参数值间不存在显著性差异,则可以考虑模型估计时限定两个参数相等。如果是某两个参数没有显著差异,并且根据经验也是如此,则可在相应的认为相等的参数对应的路径或残差变量上点击右键选择 Object Properties,然后出现如图 8-11 的选项卡,选择 Parameters 项,如图 8-26、图 8-27、图 8-28 所示。然后在 Regression weight[②]、Variance[③]、Covariane[④] 输入相同的英文名称即可。比如从图 8-28 修正的模型六输出的 CR 结果中发现绝对值最小的是 par_44 和 par_45 对应的 -0.021,远远小于 95%置信水平下的临界值,说明两个方差间不存在显著差异,对应的是 e_{22} 和 e_{24} 的方差估计。从实际考虑,也可以认为它们的方差相等,则在残差变量 e_{22}

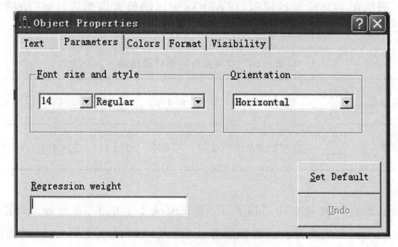

图 8-26 对应因果路径

---

① 一般绝对值小于 2 认为没有显著差异。
② 对应因果路径。
③ 对应残差变量。
④ 对应相关系数路径。

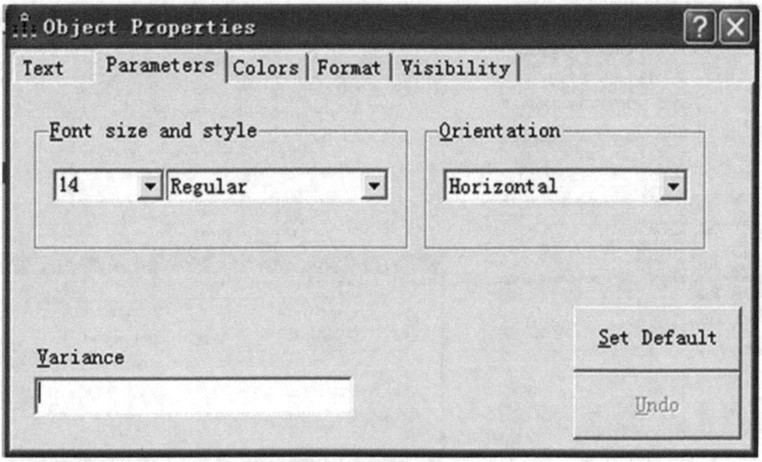

第八章 实际案例:大学生超市满意度分析

图 8-27 对应残差变量

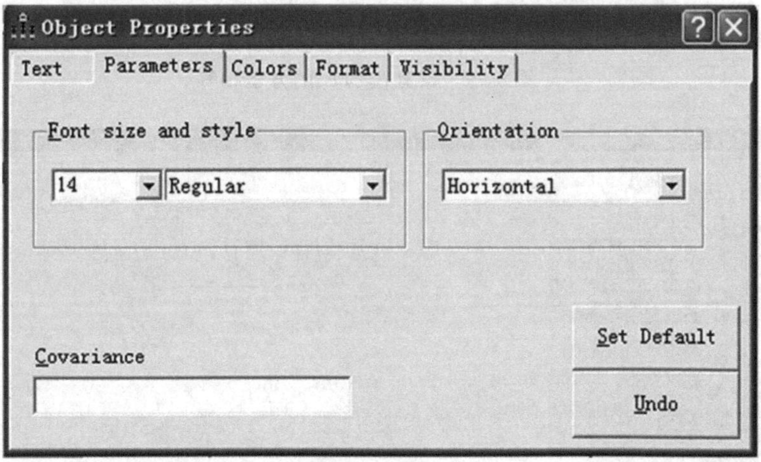

图 8-28 对应相关系数路径

和 e_{24} 上点击右键选择 Object Properties,出现如图 8-27 的选项卡,然后在 Object Properties 选项卡下面的 Variance 中都输入"v2",最后关掉窗口即可设置 e_{22} 和 e_{24} 的方差相等。经过反复比较得到的结构方程模型如图 8-29 所示。

　　根据上面提出的如图 8-30 所示的模型,在 AMOS 中运用极大似然估计运行的部分结果如表 8-17 所示。从表 8-17 可知理论模型与数据拟合较好,结构效度较好。

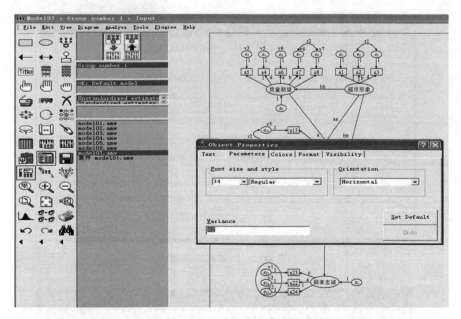

图 8-29 设置 e_{22} 和 e_{24} 的方差相等

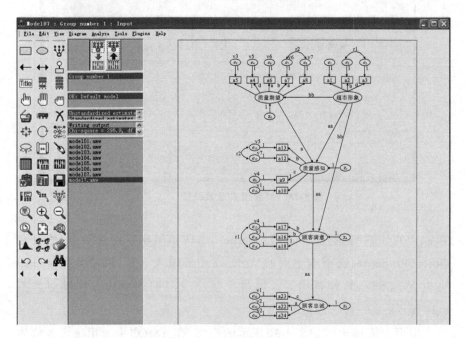

图 8-30 修正的模型七

第八章 实际案例：大学生超市满意度分析

表8-17 常用拟合指数计算结果

拟合指数	卡方值（自由度）	CFI	NFI	IFI	RMSEA	AIC	BCC	EVCI
结果	295.9 (146)	0.973	0.948	0.973	0.051	345.909	348.402	0.865

从表8-16和表8-17可以看出，卡方值虽然增大了一些，但自由度大大增加了，并且各拟合指数都得到了较大的改善（NFI除外）。该模型的各个参数在0.01的水平下都仍然是显著的，各方程对应的测定系数相对而言增大了很多。

4. 最优模型参数估计的展示

从表8-18可以看出在99%的置信度下所有非标准化系数具有统计显著性，这说明修正模型的整体结构效度较好。

不同变量间的标准化路径系数（或标准化载荷系数）可以直接比较。从表8-18最后一列中可以看出：受"超市形象"潜变量影响的是"质量感知"潜变量和"质量期望"潜变量；标准化路径系数分别为0.814和0.384，这说明"超市形象"潜变量对"质量感知"潜变量的影响程度大于其对"质量期望"潜变量的影响程度。

表8-18 最优模型各路径系数估计

			未标准化路径系数估计	S.E.	C.R.	P	Label	标准化路径系数估计
质量期望	<---	超市形象	0.353	0.031	11.495	***	bb	0.384
质量感知	<---	超市形象	0.723	0.023	31.516	***	aa	0.814
质量感知	<---	质量期望	0.129	0.035	3.687	***	par_16	0.134
顾客满意	<---	质量感知	0.723	0.023	31.516	***	aa	0.627
顾客满意	<---	超市形象	0.353	0.031	11.495	***	bb	0.345
顾客忠诚	<---	顾客满意	0.723	0.023	31.516	***	aa	0.753
a1	<---	超市形象	1					0.925
a2	<---	超市形象	1.042	0.02	52.853	***	b	0.901
a3	<---	超市形象	0.728	0.036	20.367	***	d	0.631

续表

			未标准化路径系数估计	S.E.	C.R.	P	Label	标准化路径系数估计
a5	<---	质量期望	1					0.836
a4	<---	质量期望	0.728	0.036	20.367	***	d	0.622
a6	<---	质量期望	0.872	0.026	33.619	***	a	0.808
a7	<---	质量期望	1.042	0.02	52.853	***	b	0.853
a8	<---	质量期望	0.872	0.026	33.619	***	a	0.731
a10	<---	质量感知	1					0.779
a9	<---	质量感知	1.159	0.036	32.545	***	c	0.914
a12	<---	质量感知	1.042	0.02	52.853	***	b	0.777
a13	<---	质量感知	0.872	0.026	33.619	***	a	0.677
a18	<---	顾客满意	1					0.861
a17	<---	顾客满意	1.042	0.02	52.853	***	b	0.919
a16	<---	顾客满意	1.042	0.02	52.853	***	b	0.963
a24	<---	顾客忠诚	1					0.706
a23	<---	顾客忠诚	1.159	0.036	32.545	***	c	0.847
a22	<---	顾客忠诚	0.872	0.026	33.619	***	a	0.656

注:"***"表示参数在0.01水平上显著。

表8-19 最优模型相关性路径系数估计

			协方差估计	S.E.	C.R.	P	Label	相关系数估计
e12	<-->	e13	0.699	0.072	9.658	***	r2	0.32
e7	<-->	e8	0.699	0.072	9.658	***	r2	0.46
e18	<-->	e17	0.277	0.05	5.568	***	r1	0.289
e2	<-->	e3	0.277	0.05	5.568	***	r1	0.178

注:"***"表示参数在0.01水平上显著。

第八章 实际案例：大学生超市满意度分析

表 8-20 最优模型方差估计

	方差估计	S.E.	C.R.	P	Label
超市形象	3.461	0.275	12.574	***	par_17
z2	2.498	0.219	11.42	***	par_18
z1	0.645	0.085	7.554	***	par_19
z4	0.411	0.062	6.668	***	par_20
z5	1.447	0.177	8.196	***	par_21
e5	1.263	0.078	16.217	***	v3
e4	2.458	0.125	19.59	***	v5
e6	1.189	0.073	16.279	***	v6
e7	1.189	0.073	16.279	***	v6
e8	1.944	0.109	17.84	***	v7
e10	1.773	0.119	14.904	***	v1
e9	0.726	0.052	14.056	***	v4
e12	1.944	0.109	17.84	***	v7
e13	2.458	0.125	19.59	***	v5
e18	1.263	0.078	16.217	***	v3
e17	0.726	0.052	14.056	***	v4
e24	3.367	0.198	17.048	***	v2
e22	3.367	0.198	17.048	***	v2
e23	1.773	0.119	14.904	***	v1
e1	0.583	0.074	7.876	***	par_22
e2	0.871	0.086	10.13	***	par_23
e3	2.781	0.197	14.106	***	par_24
e16	0.314	0.046	6.863	***	par_25

注："***"表示参数在 0.01 水平上显著。

5. 模型解释

结构方程模型的主要作用是揭示潜变量之间（潜变量与可测变量之间，可测变量之间）的结构关系，这些关系在模型中通过路径系数（载荷系数）来体现。

若要输出模型的直接效应、间接效应以及总效应,需要在 Analysis Properties 中的 Output 项选择 Indirect, direct & total effects 项(见图 8-31)。

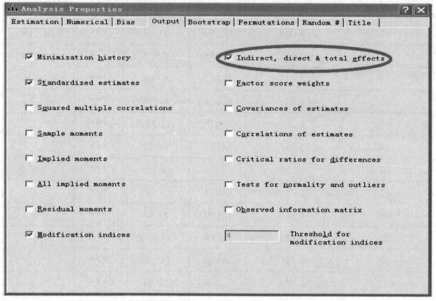

图 8-31 输出模型的直接效应、间接效应以及总效应

对于修正模型,AMOS 输出的各潜变量之间的直接效应、间接效应以及总效应如表 8-21 所示。

表 8-21 模型中各潜变量之间的直接效应、间接效应以及总效应(标准化的结果)

	超市形象	质量期望	质量感知	顾客满意
质量期望 (直接效应)	0.384*** (11.543)			
(间接效应)				
(总效应)	0.384			
质量感知 (直接效应)	0.814*** (31.659)	0.134*** (3.735)		
(间接效应)	0.051			
(总效应)	0.865	0.134		
顾客满意 (直接效应)	0.345*** (11.543)		0.627*** (31.659)	
(间接效应)	0.543	0.084		

第八章 实际案例:大学生超市满意度分析

续表

	超市形象	质量期望	质量感知	顾客满意
(总效应)	0.888	0.084	0.627	
顾客忠诚 (直接效应)				0.753*** (31.659)
(间接效应)	0.669	0.063	0.473	
(总效应)	0.669	0.063	0.473	0.753

注:"***"表示参数在0.01水平上显著,括号中是相应的C.R.值,即t值。表中给出的均是标准化后的参数,直接效应就是模型中的路径系数。

(1)直接效应

直接效应(Direct Effect)是指由原因变量(可以是外生变量或内生变量)到结果变量(内生变量)的直接影响,用原因变量到结果变量的路径系数来衡量直接效应。比如利用表8-18最后一列的结果,超市形象到质量感知的标准化路径系数是0.814,则超市形象到质量感知的直接效应是0.814。这说明当其他条件不变时,"超市形象"潜变量每提升1个单位,"质量感知"潜变量将直接提升0.814个单位。

(2)间接效应

间接效应(Indirect Effect)是指原因变量通过影响一个或者多个中介变量,对结果变量产生的间接影响。当只有一个中介变量时,间接效应的大小是两个路径系数的乘积。比如利用表8-18最后一列的结果,超市形象到质量期望的标准化路径系数是0.384,质量期望到质量感知的标准化路径系数是0.134,则超市形象到质量感知的间接效应就是0.051(0.384×0.134)。这说明当其他条件不变时,"超市形象"潜变量每提升1个单位,"质量感知"潜变量将间接提升0.051个单位。

(3)总效应

总效应(Total Effect)是指由原因变量到结果变量总的影响,它是直接效应与间接效应之和。比如利用表8-18最后一列的结果,超市形象到质量感知的直接效应是0.814,超市形象到质量感知的间接效应是0.051,则超市形象到质量感知的总效应为0.865(0.814+0.051)。这说明当其他条件不变时,"超市形象"潜变量每提升1个单位,"质量感知"潜变量总共将提升0.865个单位。

[例8.2] 大学生超市满意度的分组分析

分析:例8.1中,将不同性别的学生放在一个模型中进行分析,如果不同性别的学生,满意度的结构不同或者在不同维度的表现不同,这样用一个模型加以解释是不合适的。通过分组分析,可以检验不同性别的学生是否存在差异;如果不存在差异,则用一个模型分析和解释是合适的。

AMOS的分组分析步骤如下。

第一步,构建基准模型,即构建不同群组比较时采用的共同模型结构。

大学生超市满意度的基准模型如图8-32所示。

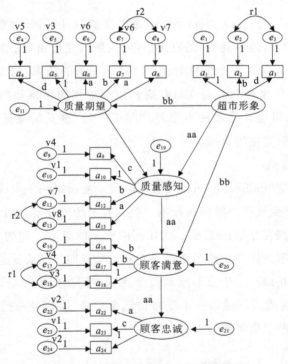

图8-32 大学生超市满意度的基准模型

第二步,设置群组。

AMOS主窗口的多功能窗口中,输入图输出图的图标下面的框是"Groups",在设置群组之前,框内只有默认的单一群组Group number 1,

见图 8-33。

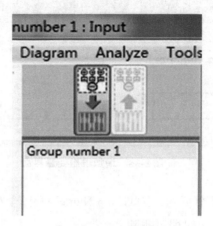

图 8-33 群组框界面

双击群组名称,弹出【Manage Groups】对话窗口,如图 8-34 所示。将"Group Name"框中的 Group number 1 修改为用户自定义的名称即可。

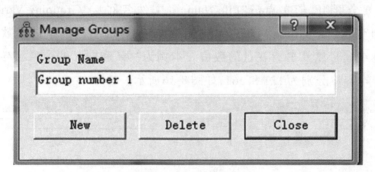

图 8-34 群组管理界面

在【Manage Groups】窗口中点击一次"New"按钮,AMOS 会新增一个群组变量,其名称显示在"Group Name"框中,用户可以按照需要增加多个群组。默认的名称依次是 Group number 2、Group number 3 等,如图 8-35 所示。同样,用户可以把系统默认的名称修改为自定义的名称。

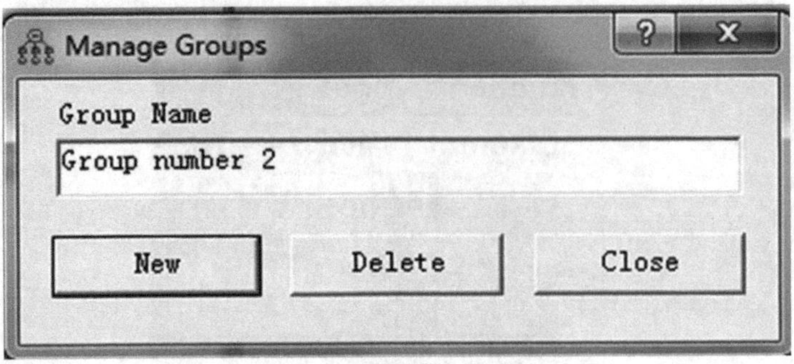

图8-35 增加群组变量界面

如需删除某个群组,在"Group Name"框中输入需要删除的群组名称,点击"Delete"按钮即可删除。

本例中,定义了两个群组,"男"和"女"。

第三步,读入数据。

点击▦【Select data files】,在【Data Files】窗口列出所有群组名称。单击某个群组,依次点击"File Name"(文件名称)、"Grouping Variable"(群组变量)和"Group Value"(群组值)按钮,为选中的群组选择数据文件,群组变量以及群组变量的数值。本例为"男"和"女"两个群组导入数据,样本容量分别为121和261,如图8-36所示。

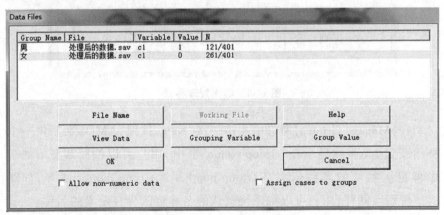

图8-36 群组数据导入界面

第四步，设置多群组分析模型。

在工具栏中点击 图标，弹出【Multiple-Group Analysis】窗口，如图 8-37 所示。点击确定，则 AMOS 提供五种层层嵌套参数限制模型：①测量系数模型（Measurement weights），该模型设定不同群组的测量模型系数，即因子载荷相等；②结构系数模型（Structural weights），该模型增加结构模型路径系数相等的约束；③结构协方差模型（Structural covariances），该模型进一步增加结构模型中潜变量的方差和协方差相等的约束；④结构残差模型（Structural residuals），该模型进一步增加结构模型中随机扰动项的方差和协方差相等的约束；⑤测量残差模型（Measurement residuals），该模型进一步增加测量模型中测量误差的方差和协方差相等的约束。

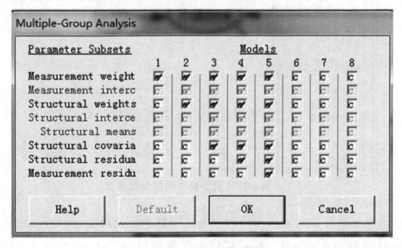

图 8-37 模型设置界面

与不加任何设置的模型（Unconstrained）一起，AMOS 共自动提供六个模型，模型名称显示在群组框下面的框中（见图 8-38）。

在群组模型框中双击某个模型名称，如"Structural residuals"，弹出【Manage Models】窗口，如图 8-39 所示。在"Parameter Constraints"框中显

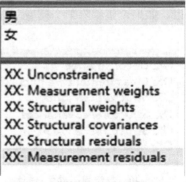

图 8-38 群组模型界面：估计前

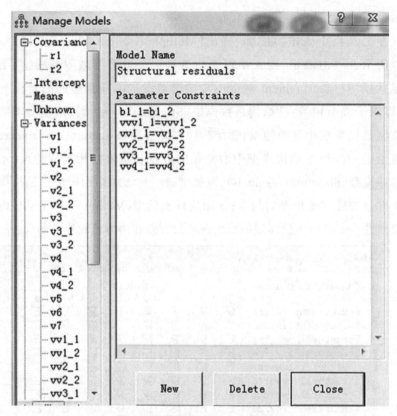

图 8-39 模型参数约束设置界面

示该模型的参数约束。用户可以在这个框中修改约束,例如可以删除 b1_1=b1_2 的约束。点击"New"可以定义新模型,在"Model Name"框中为新模型命名,在"Parameter Constraints"框中自定义群组模型之间参数的约束。如果希望删除某个模型,点击"Delete"即可。

第五步,估计模型。

如果模型可以识别,则估计完成之后,群组模型界面变为图 8-40。

第六步,查看模型估计结果。

六个模型的拟合指标见表 8-22 中的各个表。在 AMOS 分析结果中,CMIN 表示的是极大似然比卡方值,

图 8-40 群组模型界面:估计后

每个拟合模型的卡方统计量没有明显的不同,从无约束模型到测量残差模型的几个层析结构,可见卡方的增加都没有比自由度的增加大很多,似乎没有明显的证据表明女生的参数值与男生不同。后面几张表显示,六个模型的估计效果接近,NFI等几个拟合指标大于0.9,RMSEA小于0.05,GFI接近0.9,表明模型的拟合效果较为理想。因此将不同性别学生的调查结果放在一起建立模型是合适的。

表8-22 大学生超市满意度分性别多群组模型的拟合指标

CMIN

Model	NPAR	CMIN	DF	P	CMIN/DF
Unconstrained	35	485.485	307	.000	1.581
Measurement weights	35	485.485	307	.000	1.581
Structural weights	34	485.745	308	.000	1.577
Structural covariances	33	486.149	309	.000	1.573
Structural residuals	29	487.128	313	.000	1.556
Measurement residuals	25	493.487	317	.000	1.557
Saturated model	342	.000	0		
Independence model	36	5642.627	306	.000	18.440

RMR, GFI

Model	RMR	GFI	AGFI	PGFI
Unconstrained	.412	.875	.861	.786
Measurement weights	.412	.875	.861	.786
Structural weights	.397	.875	.862	.788
Structural covariances	.444	.875	.862	.791
Structural residuals	.432	.875	.863	.801
Measurement residuals	.429	.875	.865	.811
Saturated model	.000	1.000		
Independence model	2.001	.212	.120	.190

Baseline Comparisons

Model	NFI Delta1	RFI rho1	IFI Delta2	TLI rho2	CFI
Unconstrained	.914	.914	.967	.967	.967
Measurement weights	.914	.914	.967	.967	.967
Structural weights	.914	.914	.967	.967	.967
Structural covariances	.914	.915	.967	.967	.967
Structural residuals	.914	.916	.967	.968	.967
Measurement residuals	.913	.916	.967	.968	.967
Saturated model	1.000		1.000		1.000
Independence model	.000	.000	.000	.000	.000

Parsimony-Adjusted Measures

Model	PRATIO	PNFI	PCFI
Unconstrained	1.003	.917	.970
Measurement weights	1.003	.917	.970
Structural weights	1.007	.920	.973
Structural covariances	1.010	.923	.976
Structural residuals	1.023	.935	.990
Measurement residuals	1.036	.945	1.002
Saturated model	.000	.000	.000
Independence model	1.000	.000	.000

NCP

Model	NCP	LO 90	HI 90
Unconstrained	178.485	122.474	242.425
Measurement weights	178.485	122.474	242.425
Structural weights	177.745	121.758	241.664
Structural covariances	177.149	121.173	241.061
Structural residuals	174.128	118.248	237.952
Measurement residuals	176.487	120.213	240.703
Saturated model	.000	.000	.000
Independence model	5336.627	5096.097	5583.555

FMIN

Model	FMIN	F0	LO 90	HI 90
Unconstrained	1.278	.470	.322	.638
Measurement weights	1.278	.470	.322	.638
Structural weights	1.278	.468	.320	.636
Structural covariances	1.279	.466	.319	.634
Structural residuals	1.282	.458	.311	.626
Measurement residuals	1.299	.464	.316	.633
Saturated model	.000	.000	.000	.000
Independence model	14.849	14.044	13.411	14.694

RMSEA

Model	RMSEA	LO 90	HI 90	PCLOSE
Unconstrained	.039	.032	.046	.998
Measurement weights	.039	.032	.046	.998
Structural weights	.039	.032	.045	.998
Structural covariances	.039	.032	.045	.998
Structural residuals	.038	.032	.045	.999
Measurement residuals	.038	.032	.045	.999
Independence model	.214	.209	.219	.000

AIC

Model	AIC	BCC	BIC	CAIC
Unconstrained	555.485	564.902		
Measurement weights	555.485	564.902		
Structural weights	553.745	562.893		
Structural covariances	552.149	561.028		
Structural residuals	545.128	552.931		
Measurement residuals	543.487	550.214		
Saturated model	684.000	776.020		
Independence model	5714.627	5724.313		

ECVI

Model	ECVI	LO 90	HI 90	MECVI
Unconstrained	1.462	1.314	1.630	1.487
Measurement weights	1.462	1.314	1.630	1.487
Structural weights	1.457	1.310	1.625	1.481
Structural covariances	1.453	1.306	1.621	1.476
Structural residuals	1.435	1.287	1.603	1.455
Measurement residuals	1.430	1.282	1.599	1.448
Saturated model	1.800	1.800	1.800	2.042
Independence model	15.038	14.406	15.688	15.064

AMOS在输出结果目录中列有"Model Comparison"项目,点击该项目可以查看嵌套模型拟合效果的比较,如表8-23所示。由表8-23可以看到,相对于约束较少的宽松模型,更为严格的模型在拟合效果上并不逊色。有所有模型中,"Measurement residuals"模型的约束最多,即模型最简单,其AIC和BCC最小,ECVI也最小,说明分组分析前建立的模型既有较好的拟合效果,也有较好的稳定性,是应该采用的模型。

表8-23 大学生超市满意度分性别多群组模型的比较

Assuming model Unconstrained to be correct:

Model	DF	CMIN	P	NFI Delta-1	IFI Delta-2	RFI rho-1	TLI rho2
Structural weights	1	.260	.610	.000	.000	.000	.000
Structural covariances	2	.664	.717	.000	.000	.000	.000
Structural residuals	6	1.643	.949	.000	.000	-.001	-.001
Measurement residuals	10	8.002	.629	.001	.001	-.001	-.001

Assuming model Measurement weights to be correct:

第八章 实际案例:大学生超市满意度分析

Model	DF	CMIN	P	NFI Delta-1	IFI Delta-2	RFI rho-1	TLI rho2
Structural weights	1	.260	.610	.000	.000	.000	.000
Structural covariances	2	.664	.717	.000	.000	.000	.000
Structural residuals	6	1.643	.949	.000	.000	-.001	-.001
Measurement residuals	10	8.002	.629	.001	.001	-.001	-.001

Assuming model Structural weights to be correct:

Model	DF	CMIN	P	NFI Delta-1	IFI Delta-2	RFI rho-1	TLI rho2
Structural covariances	1	.405	.525	.000	.000	.000	.000
Structural residuals	5	1.384	.926	.000	.000	-.001	-.001
Measurement residuals	9	7.742	.560	.001	.001	-.001	-.001

Assuming model Structural covariances to be correct:

Model	DF	CMIN	P	NFI Delta-1	IFI Delta-2	RFI rho-1	TLI rho2
Structural residuals	4	.979	.913	.000	.000	-.001	-.001
Measurement residuals	8	7.338	.501	.001	.001	-.001	-.001

Assuming model Structural residuals to be correct:

Model	DF	CMIN	P	NFI Delta-1	IFI Delta-2	RFI rho-1	TLI rho2
Measurement residuals	4	6.359	.174	.001	.001	.000	.000

【例8.3】大学生就业预期研究

分析:对于大学生就业预期的研究可以借助结构方程模型完成。

(一)研究背景

自2003年开始的高校扩招带来了毕业生人数的剧增,高校毕业生人数持续增加,而市场中工作岗位相对需求却增长较慢,这使得大学生"就业难"问题成为社会热点问题。大学生不能就业,无论对大学生自身、对家庭、对高校以及对社会来说,都会产生不良的影响。因此,大学生"就业难"问题值得深究。

对于"就业难"原因的相关研究已经有很多,主要可以归结为两方面:一方面是社会因素,包括学校的人才培养与社会需求之间脱节所导致的大学生学非所用,对大学生的就业教育开展不足,劳动力市场需求不足等。另一方面是大学生自身因素,主要表现为择业时未能形成对工作的合理预期。合理的就业预期应当是基于自身实际能力,结合社会需要而形成的。可是在实际中,大学生普遍不能正确地评估自己,而且容易受到外部因素影响,从而树立起非理性的就业预期值,极大地影响了个人就业。

本案例针对某大学经济管理类研究生的就业预期进行调查,验证非理性就业预期的解释是否成立。

(二) 研究设计

根据大学生择业过程中考虑的主要因素,本案例中采用工资水平、户口问题、工作强度、工作地点以及职业发展前景等五个变量测量就业预期。

大学生自身因素主要包括个人条件和家庭条件。理性的就业预期表现为大学生会根据自己的个人条件和家庭条件形成就业预期;反之,不合理的就业预期则表现为上述因素对就业预期没有显著影响。

本案例将个人条件细分为三个维度:个人素质、学业表现和实践经验。其中,个人素质是指大学生的基本软硬件条件,用第一学历、自信心和沟通能力等三个变量测量;学业表现是指大学生的专业水平,用外语、计算机、专业研究水平以及奖学金等级等四个变量测量;实践经验是指大学生积累的实际工作经验,用实习效果和学校社团活动参与程度等两个变量测量。

对于家庭条件这一潜变量,本案例运用家庭收入、父母受教育程度和家庭社会关系这三个变量予以测量。

本案例的核心假设是:

H1:个人素质对我国大学生就业预期没有显著影响。

H2:学业表现对我国大学生就业预期没有显著影响。

H3:实践经验对我国大学生就业预期没有显著影响。

H4：家庭条件对我国大学生就业预期没有显著影响。

此外，考虑到大学生的个人素质和家庭条件会影响其学业表现，因此本案例的其他假设有：

H5：个人素质对学业表现有显著影响。

H6：家庭条件对学业表现有显著影响。

根据上述研究假设以及测量方法，本案例构造了如图8-41所示的大学生就业预期结构方程模型。

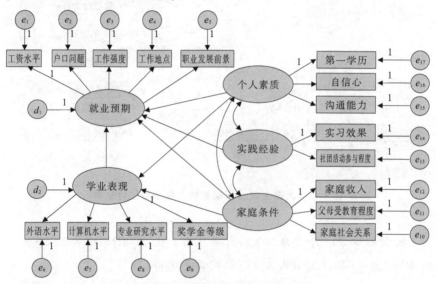

图 8-41　大学生就业预期结构方程模型

资料来源：中国人民大学2008年课程论文（王旭等）

本案例共发放问卷429份，收回有效问卷413份。

（三）估计结果

采用最大似然估计，估计结果如图8-42所示。

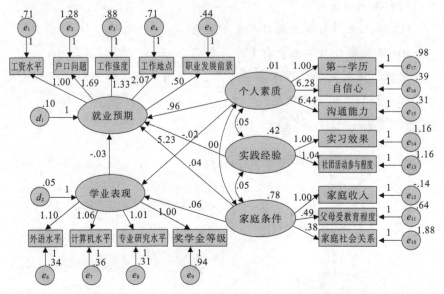

图8-42 大学生就业预期结构方程模型估计结果

模型的卡方统计量为193.5，自由度为110。CMIN/DF为1.759，小于2。RMR为0.048，RMSEA为0.043，均低于0.05。

其他拟合指标见表8-24。可以看到，除了NFI和RFI以外，其他指标均大于0.9，NFI和RFI大于0.8。

表8-24 模型拟合效果

指标	GFI	AGFI	NFI	RFI	IFI	TLI	CFI
数值	0.948	0.927	0.847	0.811	0.928	0.908	0.926

综上可知，模型整体的拟合效果良好。

具体观察潜变量之间的路径系数见表8-25，可以发现在0.05的显著性水平下，个人素质、学业表现、实践经验和家庭条件对就业预期的影响都不显著，与我们的研究假设相一致。此外，在0.05的显著性水平下，个

第八章 实际案例:大学生超市满意度分析

人素质和家庭条件对学业表现的影响也不显著,但是家庭条件对个人学业表现的影响在0.1的显著性水平下显著,而且系数为正,说明家庭条件较好的学生,其学业表现更好。

表8-25 潜变量之间的路径系数

			Estimate	S.E.	C.R.	P
学业表现	<---	家庭条件	0.061	0.033	1.85	0.064
学业表现	<---	个人素质	5.232	3.27	1.6	0.11
就业预期	<---	学业表现	-0.026	0.206	-0.125	0.901
就业预期	<---	实践经验	-0.018	0.182	-0.099	0.921
就业预期	<---	个人素质	0.957	2.032	0.471	0.638
就业预期	<---	家庭条件	0.038	0.034	1.095	0.273

各潜变量和可测变量之间的因子载荷见表8-26。可以看到,除了反映个人素质的"自信心"和"沟通能力"的P值略大于0.1之外,其他变量的因子载荷全都显著不为零,表明本案例的测量模型是可取的。

表8-26 因子载荷系数

			Estimate	S.E.	C.R.	P
工资水平	<---	工作期望	1			
户口问题	<---	工作期望	1.688	0.404	4.181	***
工作强度	<---	工作期望	1.329	0.323	4.114	***
工作地点	<---	工作期望	2.069	0.48	4.313	***
职业发展前景	<---	工作期望	0.503	0.167	3.018	0.003
家庭收入	<---	家庭背景	1			
父母受教育程度	<---	家庭背景	0.495	0.157	3.154	0.002
家庭社会关系	<---	家庭背景	0.378	0.139	2.714	0.007
实习能力	<---	实践经验	1			
社团活动参与程度	<---	实践经验	1.041	0.154	6.754	***
第一学历	<---	个人素质	1			
自信心	<---	个人素质	6.284	3.886	1.617	0.106
沟通能力	<---	个人素质	6.443	3.98	1.619	0.105

续表

			Estimate	S.E.	C.R.	P
奖学金等级	<---	学业表现	1			
专业研究水平	<---	学业表现	1.012	0.122	8.295	***
计算机水平	<---	学业表现	1.056	0.128	8.226	***
外语水平	<---	学业表现	1.101	0.132	8.353	***

考虑到在就业市场上常常会存在性别歧视，因此，就业预期的决定机制可能存在性别差异。因此本案例进一步以性别为区组变量进行多组分析。

模型比较的结果表明，采用测量权数和结构权数相同、方差和协方差不加约束的模型拟合效果最好，多组模型中男大学生和女大学生共同的路径系数估计结果见表8-27。可以看到，多组模型估计结果与未分组模型的估计结果基本一致，各种个人因素对就业预期仍然没有显著性影响。

表8-27 多组模型路径系数估计结果

			Estimate	S.E.	C.R.	P
学业表现	<---	家庭条件	0.057	0.032	1.773	0.076
学业表现	<---	个人素质	5.37	3.526	1.523	0.128
就业预期	<---	学业表现	-0.042	0.209	-0.201	0.841
就业预期	<---	实践经验	-0.126	0.113	-1.113	0.266
就业预期	<---	个人素质	1.813	1.977	0.917	0.359
就业预期	<---	家庭条件	0.048	0.035	1.372	0.170

综合上述分析可知，大学生就业预期存在不理性因素，引导大学生形成理性就业预期，是解决大学生"就业难"的问题的途径之一。

附 录

附录

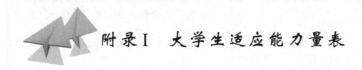

附录 I 大学生适应能力量表

"90后"大学生适应能力问卷调查

亲爱的同学:

您好!我们是来自中国人民大学统计学院的本科生。这是一份针对"90后"大学生适应能力情况的调查问卷。本问卷采用匿名方式,仅供调查研究使用,不作任何商业用途,我们将严格按照有关法律法规,对您的回答严格保密。占用您宝贵的时间,向您表示衷心的感谢!

中国人民大学统计学院
大学生创新试验计划项目组

序号	内容	1表示自己完全做不到,10表示自己能做得非常出色
1	进入大学后,主动与新室友、新同学交流沟通,很快就能熟络起来	1　2　3　4　5　6　7　8　9　10
2	如果与室友或者其他同学产生矛盾,能迅速找到解决的办法处理好	1　2　3　4　5　6　7　8　9　10
3	如果课余时间较多,会合理安排时间进行自主学习	1　2　3　4　5　6　7　8　9　10
4	进入大学后,不是"死读书、不动脑",而是在学习中培养和提升思维能力	1　2　3　4　5　6　7　8　9　10
5	在大学里对待学习不"唯分数论"	1　2　3　4　5　6　7　8　9　10

续表

序号	内　容	1表示自己完全做不到,10表示自己能做得非常出色
6	面对大学学业上的压力,可以在较短时间内将压力转化为学习上的动力	1　2　3　4　5　6　7　8　9　10
7	上大学后,身体状况较好,很少出现焦虑、失眠等情况	1　2　3　4　5　6　7　8　9　10
8	进入大学后,能够做到独立自主,生活起居井井有条	1　2　3　4　5　6　7　8　9　10
9	进入大学,能根据每月的具体情况,合理安排生活费的使用	1　2　3　4　5　6　7　8　9　10
10	假如生活中出现重大的变化(如失恋、家中变故等),总能在一段时间(如一个月内)的调整后重新振作,保持积极向上的心态	1　2　3　4　5　6　7　8　9　10
11	假如生活中突发的小事导致负面情绪产生(如被人批评后心情低落等),能主动去排遣,迅速调整心态,不影响接下来的生活	1　2　3　4　5　6　7　8　9　10
12	除学习外,在大学里会更加注重培养自己的综合能力(如合作能力、领导能力、抗挫能力等)	1　2　3　4　5　6　7　8　9　10
13	面对大学里成绩、排名的变动,不会情绪化对待,而是及时主动地调整学习状态和方法	1　2　3　4　5　6　7　8　9　10
14	能够合理分配学习和其他各类社团、文体活动所占用的时间	1　2　3　4　5　6　7　8　9　10
15	上大学后,会更多地思考毕业后继续深造还是工作,并逐步确定方向	1　2　3　4　5　6　7　8　9　10

续表

序号	内　容	1表示自己完全做不到,10表示自己能做得非常出色
16	积极主动地参加社会实践活动（包括实习等），能够将书本知识运用到解决实际问题中去	1　2　3　4　5　6　7　8　9　10
17	对进入大学后生活方面（包括人际关系处理、生活自理情况、情绪控制等）适应能力的自我评价	1　2　3　4　5　6　7　8　9　10
18	对进入大学后学习方面适应能力的自我评价	1　2　3　4　5　6　7　8　9　10
19	对进入大学后参加各类活动方面（包括社团活动、实践活动等）适应能力的自我评价	1　2　3　4　5　6　7　8　9　10

20. 您的性别是＿＿＿＿＿＿

　　A. 男　　　　　　B. 女

21. 您所处的年级是＿＿＿＿＿＿

　　A. 大一　　　　　B. 大二　　　　　C. 大三　　　　D. 大四

22. 您的专业是＿＿＿＿＿＿

　　A. 哲学　　　　　B. 经济学　　　　C. 法学

　　D. 教育学　　　　E. 文学　　　　　F. 历史学

　　G. 理学　　　　　H. 工学　　　　　I. 农学

　　J. 医学　　　　　K. 军事学　　　　L. 管理学

23. 您的籍贯是＿＿＿＿＿＿

　　A. 华东：上海、江苏、浙江、安徽、江西、福建、山东

　　B. 中南：广东、广西、海南、河南、湖北、湖南

　　C. 华北：北京、天津、河北、山西、内蒙古

　　D. 西南：四川、重庆、贵州、云南、西藏

　　E. 东北：辽宁、吉林、黑龙江

F. 西北：陕西、甘肃、宁夏、青海、新疆

24. 您来自_____

    A. 城市   B. 农村

25. 您在上大学前是否有过长时间在校住宿的经历？_____

    A. 是   B. 否

26. 您的家庭年收入是_____

    A. 1万元以下   B. 1万～10万元   C. 10万～20万元

    D. 20万～50万元   E. 50万元及以上

> 非常感谢您完成了这份问卷，
> 祝您的大学生活一帆风顺！

附录 II 大学生幸福感问卷

大学生幸福感构成和影响因素问卷调查

亲爱的同学：

　　您好！我们是中国人民大学统计学院 2011 级本科生，现正面向大学生开展一项关于大学生幸福感构成及影响因素的调查。本问卷采用匿名的形式，我们将对您的回答进行严格的保密，调查结果仅供研究分析使用，不作任何商业用途，请您放心作答。为占用您宝贵的时间配合我们完成此份问卷，我们表示衷心的感谢！

【请依据近一个学期的具体情况真实作答以下问题】

A. 幸福表情

1. 请从下图中选出最能够代表您现在幸福感的表情，在相应数字处以"√"标记。

2. 请依据您的整体感受，对自己以下方面的满意程度进行评价，1 表示"非常不满意"，10 表示"非常满意"，在相应数字处以"√"标记。

　　[1] 总体生活状况　　　　　1 2 3 4 5 6 7 8 9 10
　　[2] 自我成长状况　　　　　1 2 3 4 5 6 7 8 9 10

[3] 人际关系状况　　　　　1 2 3 4 5 6 7 8 9 10
[4] 对环境和时间的把握能力　1 2 3 4 5 6 7 8 9 10

B. 家庭体验

1. 请依据您真实的家庭生活体验感受,对以下方面的<u>满意程度</u>进行评价,1表示"非常不满意",10表示"非常满意",请在相应数字处以"√"标记。

   [1] 父母亲人的物质支持　　　1 2 3 4 5 6 7 8 9 10
   [2] 家庭(包括父母及其他亲人)的尊重和理解
   　　　　　　　　　　　　　1 2 3 4 5 6 7 8 9 10
   [3] 家庭的温暖和关爱　　　　1 2 3 4 5 6 7 8 9 10

2. 父母对您的教养方式主要是下列哪种类型_____(单选)
   A. 父母对我百般疼爱,会不假思索地答应我的任何要求
   B. 父母与我交往甚少,对我缺乏基本的关注与了解,对我采取不加干涉的态度
   C. 父母往往很少考虑我的愿望和要求,对我的一举一动都加以限制
   D. 父母为保护我而替我包办一切,怕我吃亏
   E. 父母采取民主、平等的态度对待我,尊重并爱护我

3. 父亲的受教育程度_____;母亲的受教育程度_____
   A. 初中及以下　　B. 高中　　C. 专科　　D. 本科及以上

4. 家庭年收入约为_____
   A. 3万元以下　　B. 3万~10万元　　C. 10万~20万元
   D. 20万~50万元　　E. 50万元以上

C. 校园及学习体验

1. 请依据您真实的校园体验及学习感受,对以下方面的<u>满意程度</u>进行评价,1表示"非常不满意",10表示"非常满意",请在相应数字处以"√"标记。

   [1] 所学专业　　　　　　　　1 2 3 4 5 6 7 8 9 10

[2] 学习成绩　　　　　　　　　　　　1 2 3 4 5 6 7 8 9 10
[3] 所收获的知识　　　　　　　　　　1 2 3 4 5 6 7 8 9 10
[4] 学习生活的充实程度　　　　　　　1 2 3 4 5 6 7 8 9 10
[5] 投入时间、精力和所取得成绩的匹配度　1 2 3 4 5 6 7 8 9 10
[6] 参与学习和工作的积极性　　　　　1 2 3 4 5 6 7 8 9 10
[7] 规划和利用时间的能力　　　　　　1 2 3 4 5 6 7 8 9 10
[8] 适应环境的能力　　　　　　　　　1 2 3 4 5 6 7 8 9 10
[9] 自己学习和工作的进步情况　　　　1 2 3 4 5 6 7 8 9 10
[10] 学习工作中的创新能力　　　　　 1 2 3 4 5 6 7 8 9 10
[11] 应对挑战和困境的能力　　　　　 1 2 3 4 5 6 7 8 9 10
[12] 自我情绪调节能力　　　　　　　 1 2 3 4 5 6 7 8 9 10
[13] 独立思考能力　　　　　　　　　 1 2 3 4 5 6 7 8 9 10
[14] 与老师关系　　　　　　　　　　 1 2 3 4 5 6 7 8 9 10
[15] 个人情感生活状况　　　　　　　 1 2 3 4 5 6 7 8 9 10
[16] 同学朋友的关系　　　　　　　　 1 2 3 4 5 6 7 8 9 10
[17] 校园安全程度　　　　　　　　　 1 2 3 4 5 6 7 8 9 10
[18] 校园生活的便捷程度　　　　　　 1 2 3 4 5 6 7 8 9 10
[19] 学校提供的发展机会和学习环境及气氛
　　　　　　　　　　　　　　　　　 1 2 3 4 5 6 7 8 9 10

2. 您在班级、学院或校内组织中是否担任职务_____

　　A. 是　　　　　　　　B. 否

3. 请问您现在成绩的班级排名大致为_____

　　A. 前10%　　　　　B. 10%～30%　　　　C. 30%～50%

　　D. 50%～70%　　　E. 70%～90%　　　　F. 90%后

4. 您的恋爱状况_____

　　A. 正在交往　　　　B. 暧昧中　　　　C. 追求中　　　　D. 暗恋中

　　E. 有恋爱意向但未找到合适的交往对象　　F. 没有恋爱的打算

5. 当您需要倾诉时,您会首先找谁_____(单选)

   A. 父母　　　　　B. 朋友　　　　　C. 老师　　　　　D. 其他亲人

   E. 男/女朋友　　　F. 其他倾诉途径(如心理医生、写日记倾诉等)

6. 您对未来是否有明确可行的规划_____

   A. 是　　B. 否　　C. 正在考虑中

7. 您是否兼职_____

   A. 是　　B. 否

8. 您的性格更符合以下哪种类型_____(单选)

   A. 讲究条理,善于分析,专业认真,注重细节,有时自尊心过强

   B. 办事果断,善于管理,直奔主题,注重结果,态度强势

   C. 善于劝导,重视人际关系,风趣,往往易情绪化

   D. 恪尽职守,善于倾听、关心别人及友好合作,能承受压力,有时办事犹豫

D. 生活体验

1. 请依据您日常生活体验,对以下方面的满意程度进行评价,1表示"非常不满意",10表示"非常满意",请在相应数字处以"√"标记。

   [1] 食欲状况　　　　　　1 2 3 4 5 6 7 8 9 10

   [2] 睡眠质量　　　　　　1 2 3 4 5 6 7 8 9 10

   [3] 健康状况　　　　　　1 2 3 4 5 6 7 8 9 10

2. 平均每天的睡眠时间_____小时。

3. 平均每周参与体育锻炼_____次。

E. 个人资料

1. 您的性别_____

   A. 男　　　　B. 女

2. 您所处的年级_____

  A. 大一　　　　B. 大二　　　　C. 大三　　　　D. 大四

3. 生源地_____（请填入省份）_____

  A. 城市　　　　B. 农村

4. 您学习的专业_____

  A. 哲学　　　　B. 经济学　　　　C. 法学　　　　D. 文学

  E. 历史学　　　F. 军事学　　　　G. 工学　　　　H. 教育学

  I. 理学　　　　J. 医学　　　　　K. 管理学　　　L. 农学

  M. 艺术学

5. 您的宗教信仰_____

  A. 无信仰　　　B. 佛教　　　　C. 道教　　　　D. 基督教

  E. 伊斯兰教　　F. 其他

6. 您每月的平均支出约为_____元

7. 近期是否有使您产生积极情感的事件_____

  A. 是　　　　　B. 否

8. 近期是否有使您产生消极情感的事件_____

  A. 是　　　　　B. 否

非常感谢您的配合！

参考文献

1. Barbara M.Byrne. Structural Equation Modeling with Amos-Basic Concepts, Applications, and Programming, University of Ottawa.
2. Kenneth A.Bollen. Structural Equations with Latent Variables [M]. John Wiley & Sons, Inc., 1989.
3. James L.Arbuckle, Werner Worthke. AMOS 18.0 User Guide (SPSS 公司, 2016年)
4. Jan-Bernd Lohmoller. Latent Variable Path Modeling with Partial Least Squares [J]. Physica-Verlag Heidelberg, 1989.
5. 侯杰泰, 温忠麟, 成子娟. 结构方程模型及其应用[M]. 北京: 教育科学出版社, 2004.
6. 黄芳铭. 结构方程模式: 理论与应用[M]. 北京: 中国税务出版社, 2005.
7. 李健宁. 结构方程模型导论[M]. 合肥: 安徽大学出版社, 2004.
8. 李茂能. 结构方程模式软体 Amos 之简介及其在测验编制上之应用[M]. 台北: 心理出版社, 2006.
9. 吴明隆. 结构方程模型——AMOS 的操作与应用[M]. 重庆: 重庆大学出版社, 2009.
10. 易丹辉. 结构方程模型: 方法与应用[M]. 北京: 中国人民大学出版社, 2008.

北京大学出版社
教育出版中心 精品图书

21世纪高校广播电视专业系列教材
电视节目策划教程（第二版）	项仲平
电视导播教程（第二版）	程晋
电视文艺创作教程	王建辉
广播剧创作教程	王国臣
电视导论	李欣
电视纪录片教程	卢炜
电视导演教程	袁立本
电视摄像教程	刘荃
电视节目制作教程	张晓锋
视听语言	宋杰
影视剪辑实务教程	李琳
影视摄制导论	朱怡
新媒体短视频创作教程	姜荣文
电影视听语言——视听元素与场面调度案例分析	李骏
影视照明技术	张兴
影视音乐	陈斌
影视剪辑创作与技巧	张拓
纪录片创作教程	潘志琪
影视拍摄实务	翟臣

21世纪信息传播实验系列教材（徐福荫 黄慕雄 主编）
网络新闻实务	罗昕
多媒体软件设计与开发	张新华
播音与主持艺术（第三版）	黄碧云 睢凌
摄影基础（第二版）	张红 钟日辉 王首农

21世纪数字媒体专业系列教材
视听语言	赵慧英
数字影视剪辑艺术	曾祥民
数字摄像与表现	王以宁
数字摄影基础	王朋娇

数字媒体设计与创意	陈卫东
数字视频创意设计与实现（第二版）	王靖
大学摄影实用教程（第二版）	朱小阳
大学摄影实用教程	朱小阳

21世纪教育技术学精品教材（张景中 主编）
教育技术学导论（第二版）	李芒 金林
远程教育原理与技术	王继新 张屹
教学系统设计理论与实践	杨九民 梁林梅
信息技术教学论	雷体南 叶良明
信息技术与课程整合（第二版）	赵呈领 杨琳 刘清堂
教育技术学研究方法（第三版）	张屹 黄磊

21世纪高校网络与新媒体专业系列教材
文化产业概论	尹章池
网络文化教程	李文明
网络与新媒体评论	杨娟
新媒体概论	尹章池
新媒体视听节目制作（第二版）	周建青
融合新闻学导论（第二版）	石长顺
新媒体网页设计与制作（第二版）	惠悲荷
网络新媒体实务	张合斌
突发新闻教程	李军
视听新媒体节目制作	邓秀军
视听评论	何志武
出镜记者案例分析	刘静 邓秀军
视听新媒体导论	郭小平
网络与新媒体广告（第二版）	尚恒志 张合斌
网络与新媒体文学	唐东堰 雷奕
全媒体新闻采访写作教程	李军
网络直播基础	周建青
大数据新闻传媒概论	尹章池

21世纪特殊教育创新教材·理论与基础系列

特殊教育的哲学基础	方俊明
特殊教育的医学基础	张 婷
融合教育导论（第二版）	雷江华
特殊教育学（第二版）	雷江华 方俊明
特殊儿童心理学（第二版）	方俊明 雷江华
特殊教育史	朱宗顺
特殊教育研究方法（第二版）	杜晓新 宋永宁 等
特殊教育发展模式	任颂羔

21世纪特殊教育创新教材·发展与教育系列

视觉障碍儿童的发展与教育	邓 猛
听觉障碍儿童的发展与教育（第二版）	贺荟中
智力障碍儿童的发展与教育（第二版）	刘春玲 马红英
学习困难儿童的发展与教育（第二版）	赵 微
自闭症谱系障碍儿童的发展与教育	周念丽
情绪与行为障碍儿童的发展与教育	李闻戈
超常儿童的发展与教育（第二版）	苏雪云 张 旭

21世纪特殊教育创新教材·康复与训练系列

特殊儿童应用行为分析（第二版）	李 芳 李 丹
特殊儿童的游戏治疗	周念丽
特殊儿童的美术治疗	孙 霞
特殊儿童的音乐治疗	胡世红
特殊儿童的心理治疗（第三版）	杨广学
特殊教育的辅具与康复	蒋建荣
特殊儿童的感觉统合训练（第二版）	王和平
孤独症儿童课程与教学设计	王 梅

21世纪特殊教育创新教材·融合教育系列

融合教育本土化实践与发展	邓 猛 等
融合教育理论反思与本土化探索	邓 猛
融合教育实践指南	邓 猛
融合教育理论指南	邓 猛
融合教育导论（第二版）	雷江华
学前融合教育（第二版）	雷江华 刘慧丽

21世纪特殊教育创新教材（第二辑）

特殊儿童心理与教育（第二版）	杨广学 张巧明 王 芳

教育康复学导论	杜晓新 黄昭明
特殊儿童病理学	王和平 杨长江
特殊学校教师教育技能	昝 飞 马红英

自闭谱系障碍儿童早期干预丛书

如何发展自闭谱系障碍儿童的沟通能力	朱晓晨 苏雪云
如何理解自闭谱系障碍和早期干预	苏雪云
如何发展自闭谱系障碍儿童的社会交往能力	吕 梦 杨广学
如何发展自闭谱系障碍儿童的自我照料能力	倪萍萍 周 波
如何在游戏中干预自闭谱系障碍儿童	朱 瑞 周念丽
如何发展自闭谱系障碍儿童的感知和运动能力	韩文娟 徐 芳 王和平
如何发展自闭谱系障碍儿童的认知能力	潘前前 杨福义
自闭症谱系障碍儿童的发展与教育	周念丽
如何通过音乐干预自闭谱系障碍儿童	张正琴
如何通过画画干预自闭谱系障碍儿童	张正琴
如何运用ACC促进自闭谱系障碍儿童的发展	苏雪云
孤独症儿童的关键性技能训练法	李 丹
自闭症儿童家长辅导手册	雷江华
孤独症儿童课程与教学设计	王 梅
融合教育理论反思与本土化探索	邓 猛
自闭症谱系障碍儿童家庭支持系统	孙玉梅
自闭症谱系障碍儿童团体社交游戏干预	李 芳
孤独症儿童的教育与发展	王 梅 梁松梅

特殊学校教育·康复·职业训练丛书

（黄建行 雷江华 主编）

信息技术在特殊教育中的应用
智障学生职业教育模式
特殊教育学校学生康复与训练
特殊教育学校校本课程开发
特殊教育学校特奥运动项目建设

21世纪学前教育专业规划教材

学前教育概论	李生兰

学前教育管理学（第二版）	王 雯
幼儿园课程新论	李生兰
幼儿园歌曲钢琴伴奏教程	果旭伟
幼儿园舞蹈教学活动设计与指导（第二版）	董 丽
实用乐理与视唱（第二版）	代 苗
学前儿童美术教育	冯婉贞
学前儿童科学教育	洪秀敏
学前儿童游戏	范明丽
学前教育研究方法	郑福明
学前教育史	郭法奇
学前教育政策与法规	魏 真
学前心理学	涂艳国 蔡 艳
学前教育理论与实践教程	王 维 王维娅 孙 岩
学前儿童数学教育与活动设计	赵振国
学前融合教育（第二版）	雷江华 刘慧丽
幼儿园教育质量评价导论	吴 钢
幼儿学习与教育心理学	张 莉
学前教育管理	虞永平

大学之道丛书精装版

美国高等教育通史	［美］亚瑟·科恩
知识社会中的大学	［英］杰勒德·德兰迪
大学之用（第五版）	［美］克拉克·克尔
营利性大学的崛起	［美］理查德·鲁克
学术部落与学术领地：知识探索与学科文化	
	［英］托尼·比彻 保罗·特罗勒尔
美国现代大学的崛起	［美］劳伦斯·维赛
教育的终结——大学何以放弃了对人生意义的追求	
	［美］安东尼·T.克龙曼
世界一流大学的管理之道——大学管理研究导论	
	程 星
后现代大学来临？	
	［英］安东尼·史密斯 弗兰克·韦伯斯特

大学之道丛书

市场化的底限	［美］大卫·科伯
大学的理念	［英］亨利·纽曼
哈佛：谁说了算	［美］理查德·布瑞德利
麻省理工学院如何追求卓越	
	［美］查尔斯·维斯特
大学与市场的悖论	［美］罗杰·盖格
高等教育公司：营利性大学的崛起	
	［美］理查德·鲁克
公司文化中的大学：大学如何应对市场化压力	
	［美］埃里克·古尔德
美国高等教育质量认证与评估	
	［美］美国中部州高等教育委员会
现代大学及其图新	［美］谢尔顿·罗斯布莱特
美国文理学院的兴衰——凯尼恩学院纪实	
	［美］P.F.克鲁格
教育的终结：大学何以放弃了对人生意义的追求	
	［美］安东尼·T.克龙曼
大学的逻辑（第三版）	张维迎
我的科大十年（续集）	孔宪铎
高等教育理念	［英］罗纳德·巴尼特
美国现代大学的崛起	［美］劳伦斯·维赛
美国大学时代的学术自由	［美］沃特·梅兹格
美国高等教育通史	［美］亚瑟·科恩
美国高等教育史	［美］约翰·塞林
哈佛通识教育红皮书	哈佛委员会
高等教育何以为"高"——牛津导师制教学反思	
	［美］大卫·帕尔菲曼
印度理工学院的精英们	［印度］桑迪潘·德布
知识社会中的大学	［英］杰勒德·德兰迪
高等教育的未来：浮言、现实与市场风险	
	［美］弗兰克·纽曼等
后现代大学来临？	［英］安东尼·史密斯等
美国大学之魂	［美］乔治·M.马斯登
大学理念重审：与纽曼对话	
	［美］雅罗斯拉夫·帕利坎
学术部落及其领地——当代学术界生态揭秘	
（第二版）	［英］托尼·比彻 保罗·特罗勒尔
德国古典大学观及其对中国大学的影响（第二版）	
	陈洪捷
转变中的大学：传统、议题与前景	郭为藩
学术资本主义：政治、政策和创业型大学	
	［美］希拉·斯劳特 拉里·莱斯利
21世纪的大学	［美］詹姆斯·杜德斯达
美国公立大学的未来	
	［美］詹姆斯·杜德斯达 弗瑞斯·沃马克
东西象牙塔	孔宪铎
理性捍卫大学	眭依凡

学术规范与研究方法系列

如何为学术刊物撰稿（第三版）	[英] 罗薇娜·莫瑞
如何查找文献（第二版）	[英] 萨莉·拉姆齐
给研究生的学术建议（第二版）	[英] 玛丽安·彼得 等
社会科学研究的基本规则（第四版）	[英] 朱迪斯·贝尔
做好社会研究的10个关键	[英] 马丁·丹斯考姆
如何写好科研项目申请书	[美] 安德鲁·弗里德兰德 等
教育研究方法（第六版）	[美] 梅瑞迪斯·高尔等
高等教育研究：进展与方法	[英] 马尔科姆·泰特
如何成为学术论文写作高手	[美] 华乐丝
参加国际学术会议必须要做的那些事	[美] 华乐丝
如何成为优秀的研究生	[美] 布卢姆
结构方程模型及其应用	易丹辉 李静萍
学位论文写作与学术规范（第二版）	李武 毛远逸 肖东发
生命科学论文写作指南	[加] 白青云
法律实证研究方法（第二版）	白建军
传播学定性研究方法（第二版）	李琨

21世纪高校教师职业发展读本

如何成为卓越的大学教师	[美] 肯·贝恩
给大学新教员的建议	[美] 罗伯特·博伊斯
如何提高学生学习质量	[英] 迈克尔·普洛瑟 等
学术界的生存智慧	[美] 约翰·达利 等
给研究生导师的建议（第2版）	[英] 萨拉·德拉蒙特 等

21世纪教师教育系列教材·物理教育系列

中学物理教学设计	王霞
中学物理微格教学教程（第三版）	张军朋 詹伟琴 王恬
中学物理科学探究学习评价与案例	张军朋 许桂清
物理教学论	邢红军
中学物理教学法	邢红军
中学物理教学评价与案例分析	王建中 孟红娟
中学物理课程与教学论	张军朋 许桂清
物理学习心理学	张军朋
中学物理课程与教学设计	王霞

21世纪教育科学系列教材·学科学习心理学系列

数学学习心理学（第三版）	孔凡哲
语文学习心理学	董蓓菲

21世纪教师教育系列教材

教育心理学（第二版）	李晓东
教育学基础	庞守兴
教育学	余文森 王晞
教育研究方法	刘淑杰
教育心理学	王晓明
心理学导论	杨凤云
教育心理学概论	连榕 罗丽芳
课程与教学论	李允
教师专业发展导论	于胜刚
学校教育概论	李清雁
现代教育评价教程（第二版）	吴钢
教师礼仪实务	刘霄
家庭教育新论	闫旭蕾 杨萍
中学班级管理	张宝书
教育职业道德	刘亭亭
教师心理健康	张怀春
现代教育技术	冯玲玉
青少年发展与教育心理学	张清
课程与教学论	李允
课堂与教学艺术（第二版）	孙菊如 陈春荣
教育学原理	靳淑梅 许红花
教育心理学	徐凯

21世纪教师教育系列教材·初等教育系列

小学教育学	田友谊
小学教育学基础	张永明 曾碧
小学班级管理	张永明 宋彩琴
初等教育课程与教学论	罗祖兵
小学教育研究方法	王红艳
新理念小学数学教学论	刘京莉
新理念小学音乐教学论（第二版）	吴跃跃

教师资格认定及师范类毕业生上岗考试辅导教材

教育学	余文森 王 晞
教育心理学概论	连 榕 罗丽芳

21世纪教师教育系列教材·学科教育心理学系列

语文教育心理学	董蓓菲
生物教育心理学	胡继飞

21世纪教师教育系列教材·学科教学论系列

新理念化学教学论(第二版)	王后雄
新理念科学教学论(第二版)	崔 鸿 张海珠
新理念生物教学论(第二版)	崔 鸿 郑晓慧
新理念地理教学论(第三版)	李家清
新理念历史教学论(第二版)	杜 芳
新理念思想政治(品德)教学论(第三版)	胡田庚
新理念信息技术教学论(第二版)	吴军其
新理念数学教学论	冯 虹
新理念小学音乐教学论(第二版)	吴跃跃

21世纪教师教育系列教材·语文教育系列

语文文本解读实用教程	荣维东
语文课程教师专业技能训练	张学凯 刘丽丽
语文课程与教学发展简史	武玉鹏 王从华 黄修志
语文课程学与教的心理学基础	韩雪屏 王朝霞
语文课程名师名课案例分析	武玉鹏 郭治锋等
语用性质的语文课程与教学论	王元华
语文课堂教学技能训练教程(第二版)	周小蓬
中外母语教学策略	周小蓬
中学各类作文评价指引	周小蓬
中学语文名篇新讲	杨朴 杨旸
语文教师职业技能训练教程	韩世姣

21世纪教师教育系列教材·学科教学技能训练系列

新理念生物教学技能训练(第二版)	崔 鸿
新理念思想政治(品德)教学技能训练(第三版)	胡田庚 赵海山
新理念地理教学技能训练(第二版)	李家清
新理念化学教学技能训练(第二版)	王后雄
新理念数学教学技能训练	王光明

王后雄教师教育系列教材

教育考试的理论与方法	王后雄
化学教育测量与评价	王后雄
中学化学实验教学研究	王后雄
新理念化学教学诊断学	王后雄

西方心理学名著译丛

儿童的人格形成及其培养	[奥地利]阿德勒
活出生命的意义	[奥地利]阿德勒
生活的科学	[奥地利]阿德勒
理解人生	[奥地利]阿德勒
荣格心理学七讲	[美]卡尔文·霍尔
系统心理学:绪论	[美]爱德华·铁钦纳
社会心理学导论	[美]威廉·麦独孤
思维与语言	[俄]列夫·维果茨基
人类的学习	[美]爱德华·桑代克
基础与应用心理学	[德]雨果·闵斯特伯格
记忆	[德]赫尔曼·艾宾浩斯
实验心理学(上下册)	[美]伍德沃斯 施洛斯贝格
格式塔心理学原理	[美]库尔特·考夫卡

21世纪教师教育系列教材·专业养成系列
(赵国栋主编)

微课与慕课设计初级教程	
微课与慕课设计高级教程	
微课、翻转课堂和慕课设计实操教程	
网络调查研究方法概论(第二版)	
PPT云课堂教学法	
快课教学法	

其他

三笔字楷书书法教程(第二版)	刘慧龙
植物科学绘画——从入门到精通	孙英宝
艺术批评原理与写作(第二版)	王洪义
学习科学导论	尚俊杰
艺术素养通识课	王洪义